東京模樣

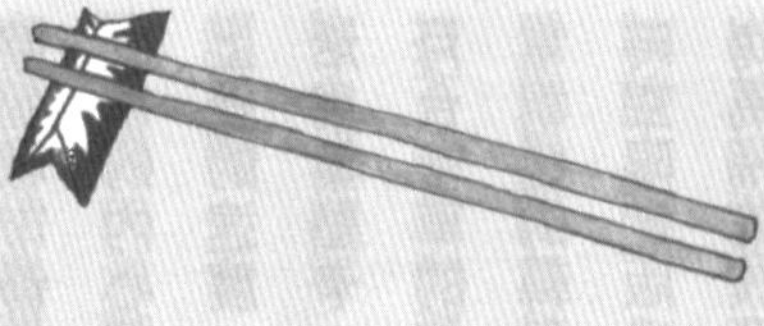

張維中

原點

01東京潛規則

不要看穿，
也不能說破，
那是在東京生活，
偶爾必備的，
一種循規蹈矩的秩序。

01

居酒屋的先來後到

再怎麼喜歡來日本玩，對日本飲食多麼熟悉，有些飲食習慣裡不成文的小細節，還非得跟日本人一起相處用餐過才會知道。

最初階的就是進餐廳吃飯時，無論如何，點飲料先於點食物。從居酒屋裡流行起來的慣用語「不管怎樣先來杯啤酒吧」便是這不成文的習慣證明。店員通常在你一入座時，就會先問你要點什麼飲料。不過點完飲料後，可別被轉頭就走的店員給嚇到。食物都還沒點耶你就閃人？其實是日本餐廳習慣先替客人上飲料（當然大部分是啤酒），讓客人先舉杯互敬一聲：「辛苦啦！」然後大家才會在一邊喝飲料，一邊聊天中慢慢點餐。

我遇過飲料沒來，食物卻先上桌的異例。結果，同桌的日本朋友怎麼樣就是不肯先吃，不斷催促店員上酒，說「沒有乾杯我們不能開動」的有趣場面。

日本的餐廳不收服務費，不過唯有居酒屋有個陋習。像是入席費一樣，一定會有一道最先上桌稱為「お通し」的小菜（八成都是毛豆，而且還是台灣進口）。你就算不吃，也不能不付錢。

在有些餐廳裡，像是炸豬排店裡的味噌湯可以續碗。我喜歡在開動後就先喝完味噌湯，然後等快要吃完時，再續一碗做結束。

在日本吃定食時，味噌湯一定都是擺在右手邊。剛開始有點不太習慣，總覺得湯應該擺在左邊才順手。不過後來覺得大部分的日本人都跟我一樣，既然一開動就會先把味噌湯給喝掉，於是，湯放在右手邊也就不成問題了。因為一開始拿起碗喝盡以後，就不會再動到它。

漸漸地習慣在吃飯前先喝味噌湯，才有開場之感。

然而，弔詭的是，要是在傳統居酒屋裡，味噌湯則不會是最先開動的東西。如果你在居酒屋一開始就點味噌湯，日本朋友跟老闆都會覺得很怪。雖然沒人規定不行，但大家的習慣是把味噌湯放到最後。

居酒屋飲食的先來後到，大致上是從冷到熱。先吃下酒菜，再來是生魚片，接著是串燒和其他熱食，冬天則會上火鍋。火鍋剩下一成的湯汁時，加入烏龍麵或米飯變雜炊（稀飯），最後則是味噌湯，以及有時會一起點的飯糰。

到底為什麼有這個順序呢？問日本朋友，早已習慣此一流程的他們也說不出個所以然來。大約是因為在居酒屋裡，原本可能是不吃飯糰跟味噌湯的。要是吃完了前面那些師傅精製的單品料理後還沒有飽足感，最後才會上飯糰和湯。久而久之，習慣在居酒屋裡來碗味噌湯的人逐漸增加，就成了這樣的習慣。

雖然味噌湯絕不是一間居酒屋裡最大的賣點，可是我卻總不會在那裡錯過它。因為居酒屋是懂得吃魚的地方，所以味噌湯也會以極好的鮮魚做為湯頭。熬煮出來的一碗味噌湯，縱使只有湯汁而已，那美味其實就濃縮了一間店的精華。

02
卡拉永遠OK

一首歌總封存了一個年代的回憶。那些從前流行過的歌，總帶著什麼魔力似的，即使好多年都沒聽過也沒唱過，但到了KTV裡只要音樂一下，就能開始跟著字幕哼下去。並且，總在唱完以後，發現那竟然是至少十五年前的歌時，驚嚇得只好趕緊默默地猛喝幾口汽水，冰鎮一下情緒。

在東京去卡拉OK店（日本不叫KTV）時，這種感覺尤其深刻。雖然東京的卡拉OK店裡都有中文歌，但半年內發行的新歌很少，以舊歌居多，所以跟台灣朋友去唱歌時，一不小心就開起了懷舊金曲大會。總在那時候，對自己居然記得住那麼多老歌旋律感到不可思議。

基本上東京的卡拉OK不管是規模多大的連鎖店，也比不上台灣的KTV。我的日本朋友去台北玩回來以後，常很驚訝地向我報告，台灣的KTV裝潢得像是飯店一樣豪華。包廂的食物意外地美味，尤其是牛肉麵跟餃子特別好吃。KTV裡沒什麼日文歌並不在乎，因為他當逛夜市一樣猛點狂吃。

東京地狹人稠，卡拉OK包廂狹窄是可以想見的，但最大的問題是大部分的伴唱帶都不是原音原影。幸運的話，某些日本新歌會用原版的MV，但剩下的絕大多數歌曲，就是我們台灣家庭KTV的那種一個人在風景區走來走去，跟歌曲毫無關係的再製伴唱帶。

至於中文歌呢，當然也是如此。最好笑的是，日本人想到華人的印象，不會動的東西就是麻婆豆腐跟煎餃，會動的嘛就是熊貓。好多中文歌於是全以動物園的熊貓做為主角。而且因為帶子不足，同樣的畫面便循環用在不同的歌上，只更換字幕。既然無法接受路人伴唱帶，那換成熊貓有比較好嗎？

「當然熊貓好啊，至少比較可愛。」有人發表過這樣的意見。

「拜託！人至少還會走來走去，熊貓爬來爬去，最後都是在睡覺的畫面，害我唱到都快跟著一起打哈欠了。」也有人如此反駁過。

總之想唱中文歌的話，在東京頂多只能這樣望梅止渴。因此還是盡量練幾首有原音原影的日文歌，視覺上比較暢快一點。況且，在東京跟日本朋友一起去唱歌，當然要準備幾首拿手的日文歌才行。

一個人看電影，一個人聽演唱會，這些事情我都做過，但是要一個人去唱歌的話，還是很難以想像。最近在東京神田車站前開了一棟「一人卡拉OK」店，迷你包廂的設計就是只能容納一個人。據說生意好得很，經常客滿，想進去唱的話還要等上四小時才有包廂。剛開始覺得有點怪，但仔細想想，就是喜歡唱歌的人，為什麼不能一個人去呢？大概總覺得唱歌這件事，該跟一群好友吃喝玩樂才熱鬧的關係吧。一個人去唱歌，像是一個人喝悶酒一樣。但事實上並不盡然。畢竟還能夠用力唱出幾首歌的人，人生應該也不至於苦悶到哪裡去。

有時候，一個人並不等於孤單。有時候，一個人不是因為只有一個人，而是只想要一個人。

03
結帳的貼心

在日本買東西，店員找錢時，會有兩種方法。一種是店員會把錢放在托盤上回給你；而另一種則是直接把錢用手交給你。

如果是直接交給你，則有一個不成文的流程，那就是絕對不會把紙鈔跟零錢同時給你。一定是先把紙鈔當著你的面，清點並念出張數，接著，等著你把紙鈔放進皮夾以後，才會把剩餘的零錢給你。

「等著你把紙鈔放進皮夾」是當中很關鍵的步驟。因此，不明白這流程的外國人，要是又偏偏遇上很堅持貫徹此一做法的日本店員時，偶爾就會發生一種僵在那兒好幾秒的狀況：店員在等你把鈔票收好，可是手上拿著鈔票的你卻納悶，他怎麼還抓著零錢不放呢？

此外，店員也多半會等到客人離開櫃檯後，才會請下一位客人上前結賬。至於排隊的客人，即使只是在便利商店，我也沒有見過前一位客人還沒走，就把自己要買的東西先放到收銀台上的狀況。

你要說這是禮貌也好規矩也好，總之，這其實在在展現了日本人不喜歡和陌生人有過度觸碰的特質。而在人際關係中則是一種「距離感」的無意識延伸。距離是一種美德，是一種不造成別人困擾，也不希望被困擾的性格展現。

對於我這種出門逛街時，總是無法把背包重量與數量減到最低程度的人來說，這種結賬的方式無疑是惠我良多。我可以從容不迫地把錢收好（尤其是我分成鈔票皮夾跟零錢兩個錢包），再把買好的東西放進背包裡。有時候，買的東西比較多，大包小包的，店員還會主動詢問，是否需要一個大袋子，把所有小包給裝在一起。即使是我只不過買一支筆罷了，也願意給我一個大紙袋收納別家店買來的東西。

我喜歡東京也喜歡台北。那畢竟是我生活了三十年的地方，只要一下飛機，就有如行動電話一樣，立刻能切換頻道，抓到訊號。不過，前陣子回台北時，突然間感到唯一有些不太習慣的，大概就是找錢這件事了。

常常在店裡結賬時，店員把零錢用紙鈔包好一把丟給我，馬上就會叫後面的客人上前結賬。我當然不想阻礙別人，但手腳一慌，還來不及收到錢包裡的零錢，就這樣嘩啦啦地落到收銀台上，很是狼狽。

想也知道店員是不會理會我的，但沒想到在那一刻，年輕的打工學生竟然還淡淡地對我說：「麻煩請往前喔。」唉。該說他是有禮貌還是沒禮貌呢？人家都加了「麻煩」兩個字啦。咦？還是說，他覺得我是「麻煩」，所以意思是叫我這個麻煩往前走一點呢？

日本服務業所謂的貼心，說穿了也是公司的員工訓練罷了。跟他們臉上掛著的制式微笑是相同的，不見得內心是多麼熱忱，但至少是讓每個萍水相逢的顧客感覺受寵了，也對這間公司留下良好印象。

有時候，我們在乎的是一個人內心的真誠；有時候，無須成為朋友的我們用不着探勘彼此的內心，那麼至少也該做好表面工夫。一期一會，那一瞬間，就是你們在彼此的心中殘留的，永遠的模樣。

04

便利商店的人情

「需不需要袋子？只貼膠帶可以嗎？需要加熱嗎？冷的跟熱的東西需要分開裝嗎？麻煩請您在螢幕上，按一下符合合法買酒年齡好嗎？」

很多問句，很多敬語，總是出現在東京的便利商店裡。日本社會裡所謂的專業、禮貌與體貼，有時候是靠著表面上瑣碎至極的語言堆砌而成的。

打工的年輕店員永遠有禮但臉上沒有表情，重複著不多帶私人情緒的制式化台詞。說「謝謝」時雖然用的是敬語，但咬字不清而且總要把語尾的「su」音無意義地拉長到三到四秒，讓不少中生代日本人很受不了。這大概是多數人對於東京便利商店店員的印象。

剛搬來東京居住時，面對便利商店店員的日文敬語，我思考過應該如何回答才是無誤的——既合乎文法又不會呆板得像念教科書。

我一直以為在這個號稱有禮貌的國度，主客關係也是互相講究禮儀的。然而，後來認識的幾個日本朋友，卻推翻了我既定的印象。

「便利商店是不需要講話的地方。」他們都這麼說。

於是，我才觀察到不少年輕日本男生在便利商店收銀台前，冷漠得跟深海水鬼一樣。無論店員說什麼，他們只是點頭跟搖頭，一個音也不發。

每次進便利商店，看見他們結賬時的漠然態度，我都覺得對店員很過意不去。就算是陌生人也有必要這樣嗎？

前兩天，我在住家附近的便利商店結賬時，拿出最近新辦的集點卡。店員一接過手便看著卡片愣了一下。「好漂亮噢！第一次看到！」他說。

我愣了一下。這些年來，我不知道跟他買過多少東西了，第一次，他講出與工作內容無關且表達個人情感的台詞。

像是所有日本人的自然反應，說了「謝謝」後就會打住的，但此刻我卻忍不住補上解釋：「是代官山蔦屋書店的限定版集點卡。」

他笑起來，說：「沒去過代官山耶。推薦嗎？」

我認真點頭，說一定要去看看。

回家的路上我想著，如果剛才在便利商店，我也是一發不語地面對那個驚豔於集點卡的店員，那又會是什麼場面呢？這些年來，我偶爾會碰到一些或許對他們的上司來說是「脫稿演出」的日本店員，但他們卻讓我發現，都說大都會裡冷漠的東京人，其實，每個人的心底也都藏著「很台灣」的人情面。

沒有人願意真正的冷漠。他們的冷漠，只是因為害怕被對待冷漠；沒有人能永遠地保持熱情，所有的熱情，都需要如聖火傳遞般的延續。

05

風呂事

在瑛太主演的日劇《最棒的離婚》中有一幕令我印象很深刻。某天，他跟妻子在出租小公寓吵得不可開交，正當兩方深陷無語之際，突然間從廚房裡發出一道機械人聲：「浴缸的熱水煮好了！」忽地打破了房間裡尷尬的沉默。

水煮好了、該洗澡了，如此日常貼身的同居瑣事，這一聲雖然打破了沉默，卻反而讓感情進退維谷的兩個人，又陷入另外一層尷尬。

只要是住在日本家庭，肯定都會對那句「浴缸的熱水煮好了」感到非常熟悉。那個發出人聲的東西，日文叫做自動給湯機。可以事先設定好熱水溫度、浴缸水量，在準備泡澡前按一下面板按鈕，打開水龍頭，恆溫的熱水就會放到指定的水量後自動停止。水量快到達時，會先告訴你快要好了，不一會兒，水放好時會先播一段音樂，最後就會大聲廣播：「浴缸的熱水煮好了！」比較完善的衛浴設備，浴缸還能夠保溫。只要浴缸的水涼了，就會自動感應，開始加熱到希望保持的水溫。所以無論洗澡的先後順序，任何一個人都不會泡到涼掉的水。

全世界也只有日本這個愛泡湯的民族，才能發明出這樣的東西來吧。對愛泡澡的人來說，我覺得那實在是太貼心的設計了。

去年，公司的社長與朋友合夥投資，在越南的胡志明市開了一間日本背包客的旅店。幾週前，我受邀去玩，才一抵達旅店，社長就迫不及待地要我跟他到屋頂。這麼急，看什麼呢？原來，是早已聽他提過好多次，言談中忍不住顯露出非常自豪的露天風呂。

每一個來這裡投宿的日本背包客，看來也很愛那座樓頂的大浴池。即使需要輪流進場，也寧願慢慢等候，而不屈就淋浴。

明明是一座在越南的背包客旅店，即使整棟樓都很有東南亞風格，但到了樓頂卻像穿越了任意門，又回到日本的世界。

日本人有一種本領。那就是不管到了哪裡，只要他們願意，就能繼續過起很日本的物質生活。至於要維持所謂日本式的生活，不可或缺的事情之一，大概就是住的地方一定要有個好浴缸吧。

我們家因為受到我媽愛泡澡的影響，從小幾乎無論什麼季節，只要是她在家洗澡的時候，家裡總會有一缸熱水。記得小時候，常常是在全家吃完飯後，她在一邊洗碗筷時，就會吩咐我們先去幫她放熱水。有時候我們放了水，就跑去做自己的事情，結果忘了看水到底放好了沒。等到我媽從廚房突然嚷嚷著：「水放好了沒啊？」才回神衝去浴室，便看見水都從浴缸裡溢出來了。偶爾，熱水和冷水的比例沒調好，等到她去洗澡時，水都涼了，總也要被念上幾句。

當我在胡志明市的背包客旅店裡，身子浸在始終維持一定水溫的露天風呂時，突然就想到了這些童年的往事。

本來在想，要是小時候在台灣的家裡，就有日本這樣能自動停放水和恆溫的浴缸，那該有多好？至少不會犯了錯被媽媽罵吧。但很快的，我又慶幸還好以前並沒有。正因為那樣，如今，才有想起來值得回味一輩子的小故事。

06
電梯空間

日本大部分的電梯裡都沒有鏡子。剛搬來日本時，每次搭電梯總會升起一股空虛感。因為沒辦法在電梯裡照鏡子。

「恰好利用搭電梯的時間，整理一下頭髮和儀容，這樣不是很好嗎？」我跟朋友這麼說。大部分的人都點頭同意我的看法，唯有一次，某個朋友給了我一個另類的答案。

「日本的電梯裡沒鏡子，可能是件好事噢。」我看著他露出意味深長的目光，覺得有謎。繼續追問為什麼，他才幽幽地繼續說：「你不怕一個人搭電梯時，忽然從鏡子的反射中，看見其他人嗎？這裡可是日本喔。你知道的，那些日本的鬼故事……」

從那次起，每當我一個人搭電梯時，就開始接受電梯裡沒有鏡子這件事。

回想起以前在台灣，常常深夜裡一個人搭電梯時，偶有十幾層樓完全沒有停的經驗。在那短暫而無可遁逃的狹隘空間裡，加上電梯門，等於四周全是鏡子。我確實曾經注視著鏡子裡，疊合出許多個我的剎那，想到老套卻恐怖的鬼故事。李心潔不是演過一部《見鬼》嗎？電影裡就有電梯裡鏡子冒鬼的橋段。那陣子，我一個人搭電梯時，都盡量避免看鏡子。

日本是個滿注重無障礙空間的國家。車站一定都會設有電梯，然而因為實在太多出入口了，往往一時半刻找不到電梯是在哪一個出口。有些車站找不到電梯；有些車站的電梯則是貼心得匪夷所思。我上班時一定會經過的高田馬場站，從賣票處通往收票改閘口，有一段短短的樓梯。樓梯很緩，整個高度並不高，如果是輪椅的話，只要做一小段緩坡，應該就能滑上去。不過JR鐵道卻特地做了一個造價顯然不低的透明電梯，進去關門後，不到三秒，門又打開了。別懷疑，不是壞了，而是已經到了。不知道這算不算是全東京垂直距離最短的電梯。

在日本搭電梯有個不成文的禮貌。站在門邊的人，如果不是在途中某一層樓就離開，那麼通常會按著開門鍵，等到大家都出去了，最後才離開。如果大家都要出電梯，很少會看到門邊的人像是要搶孤似地衝出去。

不知不覺的，當我回台北時也會這樣做。有一次，我按著按鈕讓電梯裡的人先出去時，卻發現毫無動靜。最後，突然聽見一個操著台灣國語口音的中年男人嘖了一聲，跟身旁的朋友抱怨：「啊是搞什麼啦！外國人是動作都那麼慢是厚？到了還不趕快出去！」語畢，他便氣呼呼地衝出去，回頭還瞪了我一眼。

電梯裡的鏡子，反射出我又好氣又好笑的一張臉。電梯裡就算沒有鬼，原來人也是夠嚇怕的了。只不過想禮讓他們先出去，被這麼說感覺很冤枉嗎？不，比起這個，我感到更冤枉的是，我是正港的台灣人耶。

07

紅綠燈前

有一種紅綠燈是附按鈕的，當你要過馬路時「據說」按下它，紅燈就會變綠燈。為什麼是「據說」呢？因為以前總覺得那按鈕不過是裝飾用的，即使你按了也沒有什麼改變。我記得小時候台北還滿多這樣的紅綠燈，不知道現在還留下多少？是不是反應變得靈敏一點？

東京還能夠找到不少這樣的紅綠燈。在車多人少的住宅區裡，這些按鈕紅綠燈在白天並不具備這樣的功能，但入夜以後，就變身成這款聽話的乖寶寶。不是說我寵它們，實在是它們真的乖多了。按下去以後，不必等到你懷疑到底有沒有用之前，信號燈色就會改變。

那天跟社長一起用完午餐，在回事務所的路上等紅綠燈時，一不小心就會滑進歷史河道裡泅泳的社長對我說，他小時候在岐阜縣的鄉下長大，根本沒聽說過有紅綠燈這種東西。小學時的某一天，鎮上的十字路上突然出現了第一盞紅綠燈。所有人都在啟用的那一天趕去朝聖。結果，大家站在紅綠燈前，全愣住了。

「這就是東京來的東西嗎？東京人都被機器控制了

嗎？」紅綠燈的四周除了田地還是田地，半小時也沒有一班車通過，大家懷疑誰那麼蠢，真會傻傻地等紅燈變成綠燈才過馬路。從那一天起，社長居住的小鎮上，那盞紅綠燈就是自己閃自己的，大家看也不看，隨心情過馬路。

以前一直以為東京這種繁忙的大都會，路上的行人都會很急躁，等不及紅燈變綠燈就會往前衝。後來發現東京人其實很守規矩，反而是大阪人總會在綠燈亮起前就開始助跑。大阪出身的朋友告訴我，那是因為大阪是經商起家的城市，大家都忙著賺錢，一秒也等不及。

不管是東京或大阪，不變的是紅綠燈前的車子，都不會在綠燈一亮起立刻鳴槍起跑，也不會在閃起黃燈要變紅燈時還硬要向前衝。當然也永遠都會禮讓行人。要是問我一座文明的城市應該具備什麼條件？我想不必多談什麼經濟發展，光是人車過馬路的這件事情，就足以說明這個國家是未開發或是已開發。

我特別喜歡在等紅綠燈時，觀察站在我前面那些人的背影。路人們總是驚鴻一瞥，唯有在此刻，大家會靜靜地站著讓你細細觀看。原來穿得酷酷的男生，背包上也會掛起這樣粉嫩的玩偶啊；難怪有人說日本女生盤起馬尾時，後頸特別性感……之類的小感想，總帶給我一些街頭的樂趣。

有時候對初次見面的人有了點悸動，也不確定還會不會有下一次見面時，常常在告別的十字路口，希望這盞紅綠燈是需要按鈕的那一種，並且按了也不會改變。可惜綠燈依舊冷淡地亮起，兩個人終究各自道別。然而，比起再次相見卻發現感覺不太對勁的人來說，或許不再見面了也好。

不禁讓人懷疑夜裡的紅綠燈前，是否也有一種魔力，像在燦燦日光的雪地上誰都看起來完美，讓第一次都有了自我催眠的，浪漫的假象。

08

移動的秀場

幾乎所有的外國人，第一次到訪日本旅行時，常常都會有「經驗者」向大家耳提面命：「沒事千萬不要隨意搭上計程車。」原因並不是計程車司機很恐怖，或者會欺騙顧客，而是日本計程車的費率很驚人。

以首都東京為例，一上車，最低基本車資就是七百三十日圓左右。兩公里後開始跳錶，每二百八十公尺增加九十日圓。若遇到塞車，行駛時速十公里以下時，每一分四十五秒加收九十日圓。晚上十點到凌晨五點為「夜間加成」時段，要再多付總金額的兩成。因此，在東京若錯過「終電」（末班車）或想貪圖便利而攔下計程車的話，隨隨便便一趟短距離，都很容易超過台幣一千元。

三一一東日本大震災的那一年，我因為早就在幾個月前就訂好回台機票，卻因為地震後一週餘震不斷，通往成田機場的電車都停駛，我為了趕飛機，不得不從都內的日暮里站搭計程車過去。坐在車內，一路聽著跳錶聲有如震撼教育的哨聲，令人情緒緊繃。結果抵達成田機場時，連同塞車加成和高速過路的過路費，總車費超過日幣兩萬六千圓！

不過，一般人說日本計程車貴，其實指的也只是東京。事實上，日本其他鄉下地方，車資會便宜一點。例如京都的計程車就比東京便宜些。京都的地鐵線路不發達，公車又擠滿觀光客，有時候若人多，搭計程車還比較方便、省錢。

近一兩年我因為工作常去京都，在京都搭計程車的機會也多了些。我覺得只要搭上計程車，就立刻可以感受到這座千年古都，果然是跟東京不同的氣氛。

東京的計程車司機循規蹈矩，說好目的地以後，多半就是按下GPS導航，一路上司機絕少會跟乘客攀談。但京都的計程車司機不同。首先他們的年齡層都偏高，再來是他們幾乎不用導航。因為京都的地址編排方式硬是跟其他都市不同，老京都人記路是用標的物方位理解的。你得把你要去的地方以座標形式訴說，比如是位於哪裡跟哪裡之間，司機才清楚。

而最有趣的莫過於，京都計程車司機總是多話。他們常常忍不住會開口跟乘客聊天。雖然有時候一開始可能只是自言自語，比方說：「觀光客真多呢！」「今天天氣真好呀！」或「這條河畔櫻花開時不得了喲！」但日本人不可能不回應，於是乘客一回覆，司機話匣子就停不下來。

有一次搭車，司機是個可能已有七十歲的伯伯。一知道我是台灣人以後，立刻說他對台灣的印象就是香蕉最好吃。說童年時代，他們要是能吃到台灣香蕉，就覺得是多高級的事。最後他忍不住問我：「台灣是不是路上隨便都有香蕉可以採來吃？」

最近一次搭京都計程車的經驗，是當車子行駛過一間新開的百圓商店時，司機伯伯就開始說，他曾經在百圓商店買過一把剪刀的故事。「只是一百零八圓的剪刀，但好到不可思議！」就這樣，他把一家人怎麼用那把剪刀的故事全說了出來。最神奇的是，當車抵達目的地時，他剛好也講完了。令我懷疑他其實不知道早已講過多少次？時間和距離才能掌控得那麼好。

在小小的車廂中，每個京都計程車司機都是一座移動的秀場，向不同的客人巡演著固定的節目，心情直播不NG。

09

「OMOTENASHI」的日本式服務

這陣子，公司辦了一場夏季的慶典活動，參加的人多達一百三十位。我負責活動當天的便當訂購，好不容易終於找到一間滿意的，立刻在網路上下單訂購。一個便當日幣一千圓，算等級滿不錯的，一百三十個訂下來，總價日幣十三萬。信發出去以後，就等著對方回覆，是否接受訂貨了。

我從來沒訂過金額數字這麼大的便當，想當然爾認為這應該要先付訂金才對。甚至要求我全部付清也覺得正常。畢竟，萬一是惡作劇的話怎麼辦？到了現場，沒見到人，發現資料是留假的，最後錢收不到，還白做了一百三十個便當。

沒想到那個訂購便當的網站既不用付一毛訂金，也不用先預留信用卡資料。對方回信說，會在指定日期跟時間將便當送到，款項當天付現即可。

雖然在日本住那麼久了，知道很多日本企業的服務都是貨到才付款，但這次花了十三萬訂一百三十個便當，居然也不用先付一毛錢，這件事仍然讓我感到有點小震撼。同時也更加佩服日本的服務，那就是這幾年因申奧成功而流行起來的詞彙「OMOTENASHI」（誠心款待、賓至如歸之意）的精神。

有幾次的網路購物經驗也是如此，不過金額不大。廠商先把商品寄到，然後也不是貨到付款，而是貨後付款。拿隨附的繳費單，兩週內去便利商店繳錢就好。這也是滿不可思議的。換做我是老闆，會擔心容易變成收不到錢的呆賬吧？

結果，只是證明我實在是太有防人之心的猜忌了。

像這樣的例子，日本還有很多。旅人們最常碰到的就是訂旅館。除了少部分民宿以外，大多數的日本旅館（特別是溫泉旅館）或飯店訂房時都不用先付款。入房時也不用，直到退房時才結算。可惜不是所有外國人都有禮，於是就偶爾會看到網友貼出失格的旅人，訂房了卻NO SHOW的行為。

台灣人或亞洲人都很愛日本的這種服務至上精神。喜歡到日本來玩，就是覺得走到哪裡，只是花點小錢而已，店家都把你捧在掌心感謝。事實上，日本人自己也很自豪這項長處。不過，他們卻很難料到，這種「OMOTENASHI」也有踢到鐵板的一天。

UNIQLO在美國就嘗到苦果。展店迄今仍業績不振，苦戰中。原因之一就是企業全盤移植日本的待客方式，令美國人覺得超煩。例如店員被要求像是日本店員一樣，不斷在店裡喊「歡迎光臨UNIQLO」、「不好意思」、「失禮了」的英文版（只要眼神一接觸客人就得喊），有客人認為根本是擾民；還有，客人一翻完衣服，店員馬上去摺好，希望維持店內永遠都有秩序，也讓洋人覺得壓力很大。

對美國人這種隨性的民族性格來說，店員跟顧客的互動停在說聲「嗨」或「哈囉」就夠了。你沒有對我做錯什麼就不需要那麼負面地拚命道歉；你願意的話就給我一個正面的祝福：「Have a nice day!」又或者，小費文化已愈給愈誇張的美國人，誤以為日本店員那麼殷勤又那麼卑微，等等就必須多給幾趴的小費？

10
沒有笑聲的電影院

在日本很少進電影院。不是不愛看電影，是電影票實在太貴了。在日本看一場電影，成人票是日幣一千八百圓日幣，換算成台幣大約就是五百元了。如果在入場前，敵不住大廳飄散著濃郁的奶油香，就會買一份電影「紀念限定版」的爆米花飲料組合，這樣又要再破費個八、九百日幣。看完電影，最好是有意志力才行，否則眼角餘光被什麼周邊商品給勾到的話，肯定又要散財。總之，一場電影看下來，電影票再加上無止盡的欲望，一不小心就可能要花掉台幣一千。

買電影上檔前的預售票，通常會便宜個三百日幣左右。不然就是要趁著每個月的一號去看電影。東京都的電影院，每個月的第一天，所有的電影都會特價日幣一千圓。每逢一日，全東京最忙碌的地方之一，大概就是電影院。有些人會把要看的電影累積到這一天，想辦法排個休假，從早場看到晚場。

日本電影只有外國片才有字幕，日片本身是沒有字幕的。剛來日本的前一兩年，日文程度不夠好，進電影院看日片時，恰好碰到台詞複雜、方言口音重或講話速度太快時，就像鴨子聽雷，很挫敗。但是語言學習這件事真的很奇妙。你一直努力學，覺得這輩子再也學不好，但只要不放棄，有一天在你毫不注意的情況下，就會忽然聽懂了。像是老天爺的獎賞，為你換了一雙性能更好的耳朵。

外國片有字幕，但不是所有片子都有。配音版電影，在日本仍是主流。配音講的是日文，當然也就沒字幕。

前幾個星期，去看了史努比的電影。買票時，發現想看英文原版，上映的戲院卻少之又少。最後時間跟地點難以磨合，迫於無奈，只好選擇看配音版。電影看到一半，我忽然出神了，羨慕起查理布朗和他的夥伴們日文講得真好。不知道他們學了多少年？

我曾經認識一個日本朋友，一開始因為彼此都愛看電影，所以話題投機而很有得聊。不過因為他很堅持洋片要看配音版的才行，最後我只好婉拒。他說，他實在不習慣聽英文又要追看日文字幕，很累；我說，我也不習慣看著梅莉．史翠普講日文，很分心。人生果然就是戲。電影讓我們熟稔，也讓我們分離。

日本人守規矩，在電影院也是。但我覺得問題就是太守規矩了。因為不想干擾別人，又不習慣直接表達情緒，所以電影院裡總是非常安靜。這裡不就是應該哈哈大笑嗎？那裡不就是應該哇出聲來嗎？沒有。每個人在電影院，就像是搭電車時的手機，把自己的情緒也切換成靜音模式。

我有時候真擔心，許多細節無限上綱，接近於矯枉過正的日本人，會不會有一天在電影院入口貼出「上演中，請將笑意調整到無聲微笑」的告示？

那天去看《史努比》，有好多可愛又逗趣的橋段，全場也只有我一個人在笑。想起幾年前，興高采烈去電影院看《欲望城市》時，明明都是那麼爆笑的情節，全場卻安靜得讓我以為大家都睡著了。當我意識到自己忍不住笑出聲來時，在黑漆漆的空間中，突然覺得好寂寞。電影出DVD的那天，我立刻把片子租回來，在家裡再看了一回。這一次，總算重新笑個過癮了。

我期許自己，有一天，不會失去在電影院想笑就笑的能力。

11

日本男生的祕密

已經不是第一次聽到從台灣來的朋友，用一種不可置信的口吻拷問我：「請問日本男生是怎麼回事？」

還原案發現場，原來，是我的朋友們總在夏天來東京遊玩時，常見到明明是個大熱天，但街上的日本男生，總有一群人竟然能不為所動地打著圍巾。

日本帥哥都不怕熱嗎？朋友們不可置信的口吻裡，多半摻雜著一點點抱怨。因為，這些讓人想不透的日本男生，多半是大家眼裡的型男。

「我知道要成為帥哥的祕密是什麼了。」這次換小雄發難了。我搖搖頭，不曉得他悟道了什麼。他向我開釋：「他們都把汗腺給割了。」

他擦著一頭汗，話才說完呢，眼前走過穿著短T的日本男生，就從包包裡掏出一件薄罩衫，在大太陽底下混搭上身。我們都沉默了，熱汗變冷汗。

這對我們連日氣溫飆到38度的台灣人來說，真是情何以堪。

台灣人老愛看日本時尚雜誌，覺得街拍的洋蔥式混搭男孩跟森林系女孩的穿著好搶眼。但，真的算了吧，別再為難自己了。這樣穿在台北，保證立刻中暑。

我有時候覺得熱帶國家的夏天，實在也不必多麼講究街頭時尚了。反正短T之外還是短T。只要謹記「魔鬼藏在吊嘎」裡就好。因為很多受不了熱的台灣男生常剩下一件「吊嘎」而已，遺憾的是身材糟糕的男生穿起不適合的背心，常讓街頭盡是感傷的風景。

說到底，日本跟台灣本來就是不同種族，抗熱耐寒的程度也不一，況且東京夏天再怎麼熱，晚上就涼了。這些夏天堅持打著大圍巾的東京帥哥，到了台北恐怕也得被迫打成原形。

日本藥妝店賣著各式各樣的清涼擦汗巾與制汗噴劑，許多都是針對男生的。於是，在東京的廁所或車站角落裡，留心的話，常能瞥見日本男生們拚命在身上用著這些玩意兒。是的，他們當然沒有把汗腺給割掉；他們也是會流汗的。

然而，真的這的好嗎？明明該流出來的汗水，卻不斷地抑制著，只是為了表面的優雅。但汗水總得轉換，找到其他的出口。

就像是以為壓抑著情緒就能過去的你我，一定明白在強顏歡笑後的某一天，終將換來一場痛徹心扉的淚。

12
變身西裝男

要說東京是西裝男的天堂，我想一點也不為過。日本西裝最大的特色就是修身剪裁，有讓你脫身換骨的可能。我常建議台灣的男生朋友，如果要買西裝，一定要來日本買。雖然台灣也有進駐一些日系品牌的西裝店，不過選擇種類少。有一間台灣也有的平價西裝連鎖店，約莫就是沒什麼變身效果的。我曾經在東京去試穿過，從試衣間走出來時，台灣朋友看了我那一身完全不合身的模樣，當場失笑。

「太像了！只要再配個嗩吶跟花車給你，就可以出發了。」他說。

其實日本男生的身材多半都不太好。身高矮，大家都知道；身材比例，也沒有多特別。二十歲世代的男生，很多都跟瘦皮猴一樣；而過了三十歲以後，愛喝啤酒的他們，便開始隨身攜帶游泳圈。不過，神奇的是，往往一套好的西裝就可以讓他們獲得拯救。我偶爾到健身房運動時，在更衣間看見下了班的上班族褪下西裝時，便更加認定日本西裝確實相當神奇。

東京的西裝男特別多，這是從以前來東京旅行時就留下的深刻印象。他們不一定臉都長得很好看，不過，穿起西裝來的他們，整體感就是加分的。

日本大部分的公司行號都會要求穿西裝打領帶。這跟台灣很不同。在台灣對西裝男的印象，很多都停留在他的職業是銀行員、業務或者拉保險的。

我有幾個男女朋友是俗稱的「西裝控」，也就是對穿起西裝的男生很難抗拒的一群人。這其中分為台灣組和日本組。

根據台灣組成員分析表示，台灣的西裝男之所以魅力缺缺，除了挑不到好看的西裝以外，還有就是在台灣需要穿到西裝的職業，不少是上了點年紀的階層。可是在日本，從高中到大學的入學與畢業典禮開始，西裝是男生的必備品。到了工作面試和入社後的工作新鮮人，各種場合適用的西裝形式、顏色，以及領帶的打法，都是基本且重要的禮儀。這些打領帶穿西裝，二十歲前後的男生，臉龐上多半殘留著學生感的稚嫩氣息，可西裝卻是種流露出成熟感的東西，因此形成了一種視覺上有趣的互補與對比。他們的身材都還沒走樣，雖然瘦，但靠著筆挺的西裝也就撐出了架子來。最後還有一點是殘酷的現實，那就是台灣太熱了。像日本男生那樣成天穿西裝打領帶，汗流浹背，中暑的人肯定不少。

聽了台灣組的論點後，我說可以總結成一副對聯：「冷是一切美學的基礎；胖是所有衣服的天敵。」再過一年就要四十歲的朋友聽了後，入戲地追問著：「那橫批呢？」我淡淡地說：「青春已逝。」

西裝控日本組裡有個成員，愛西裝，更愛領帶。他曾經有機會去台灣參加朋友的婚禮，在出發前幾天，跟我碰面時特地帶了三款領帶來問我：「你覺得參加婚宴那一天，我打哪一條比較適合？」我笑著回答他，台灣人參加喜酒幾乎是不穿西裝的耶。他很驚訝，反問：「難道穿牛仔褲嗎？」我說：「確實不少。頂多就是穿個襯衫吧，當然也不會打領帶。你穿了西裝，人家還以為你是伴郎或是男女親友團，幫忙現場收禮金的呢！」

聽完以後，我的朋友開始打起領帶來，問我如果是配今天這件襯衫的話，打這一條好看還是那一條好看？顯然他仍堅持要以西裝出席台灣婚禮。

看著他好自然又快速地打起領帶時，我有點羨慕起來。我的工作從來不必穿西裝，所以到現在，打起領帶時還是笨手笨腳的。

一直認為不必照鏡子就能自己打好領帶，那俐落動作的過程，是一個男生散發出某種自信魅力的剎那。

把這個想法告訴了朋友，朋友拍拍我說：「有一天等到遇見一個願意每天早上替我打領帶的對象時，我才會相信我是有魅力的。」

摺下領口，拉緊領帶結，他燦爛地笑起來，再次變身成功。

13

整個城市都是我的化妝室

「整個城市都是我的咖啡館」是台灣便利商店知名的廣告文案。這句話稍微改一下，對某些女生來說，可以變成「整個城市都是我的化妝室」。

在台灣搭捷運的時候，偶爾會見到早晨趕著上班的女生，如果搶到座位坐了，第一件事情就是拿出化妝包來開始上妝。這些女生大多很厲害，完全無視於捷運的搖晃和急加速，總能很穩當地拿好手上的工具，不會把自己畫成一個大花臉。

台灣的捷運禮儀廣告，主要宣傳的都是禁止飲食和讓座這一類的。東京的地鐵很早以前就開始宣傳，請勿在車廂內化妝。等級是跟在車廂內勿用手機通話，以及控制耳機聲量勿漏音是一樣的程度。

日本人顯然很在意在電車內化妝這件事。但是，到底是誰在意呢？

我問過身邊的日本男生朋友對這件事的看法，反應很兩極。不在意的人，認為許多男生搭地鐵時，大致只會做三件事：玩手機（電動）、看書和睡覺，根本不會太注意身邊的人。

這類型男生通常對女生化妝的細微差別很難察覺，在他們的世界裡，只有化妝跟沒化妝這兩種差別。至於反感的男生則認為，會在早上搭車時化妝的女生，一定是生活習慣很差的人。因為起床晚，來不及了，才把應該在家裡做的事情拿到公共場合來做。

於是我發現，其實，真正看不慣女生在電車裡化妝的，大部分是女生自己。而且說出理由來時，通常會把自己拿來對照。

例如，我的日本朋友原田小姐就曾經告訴我：「要是我，絕對不會把自己一早素顏的醜樣，讓全電車的人都看到。」說完又補充：「女生們『化妝前化妝後』是一種魔術。在電車裡化妝，簡直像魔術師直接把道具的祕密攤在桌上展示。」魔術一說，所言甚是。我就曾經在一段將近三十分鐘的車程裡，看見坐在對面的女生從素顏到完妝，像被施了一場魔術。最後，我要不是認她的穿著和提袋，真以為對面已經換人坐了。

日本女生從高中就開始化妝，大學時已是達到爐火純青的地步。以前在早稻田大學念書時，在校園裡只要看是沒化妝的女生，九成都是留學生。因為實在太重視化妝了，所以認為在電車內化妝，就像是衣服沒穿好便出門一樣。如此不在乎別人眼裡的自己，恐怕也不懂得在意他人。

我遇過有女生坐在身旁，用粉餅時像把自己的臉當做做麵包似地拚命撲粉。粉末飛散到周圍，害鼻子容易過敏的我打了一個大噴嚏。類似如此影響到旁人的狀況，我會有點在意，但，除此之外，我其實對於在地鐵車廂裡化妝的女生，並沒有任何意見。

因為比起酒臭沖天的醉漢，倒在電車裡或在車廂裡嘔吐，化妝又算什麼呢？我還見過西裝筆挺的日本男人，醉到直接在澀谷站月台小便的呢。整個城市都是他的洗手間了。

14

讓位的內心戲

不知道是有緣還是湊巧，我身邊有好幾個住在台灣的女性摯友，她們的共通特質都是身材很嬌小，但又偏偏屬於那種所謂「中廣」身材的圓潤女生。而她們同樣都遇過的一個問題，就是在搭捷運或公車時，有曾被禮讓座位的經驗。

「你要怎麼當著全車的人解釋，我真的不是懷孕呢？剛開始覺得很糗、很抗拒，絕對不坐下。」

從前只有預想，有一天如果老到要被讓位時，不曉得剛開始會有什麼樣的心境。但從來沒想過，原來有些女生不必等到老，在公車上就有可能面臨被誤解而讓座的窘境。難題在於她們是介於那種肚子看起來像懷孕了，但又還不到快生了的微妙階段。

「讓座的人畢竟是一片好心，所以沒理由怪人。但也覺得沒必要因為別人的眼光而刻意改變自我，所以也不想怪自己。」

那怎麼辦呢？我問。其中一個最睿智的女生回答：「不能怎麼辦啊。連續發生過三次以後就想算了。反正站著也很累，就坐下來吧。閉起眼睛，不要多想，這樣也算是皆大歡喜。」

後來，我在電車上看見看起來像是懷孕的女生，想要讓座時，都不自覺得三思而行。不過，要是場景換成東京電車，那麼又是另外一番情況了。如果是肚子大小介於微妙階段的孕婦，希望有人能讓座時，通常會在包包上別一個公認的小掛牌，上面寫著「肚子裡有小寶寶」。於是，讓座的人認牌不認人，不會發生誤解的窘況。

然而，問題來了。即便如此，在東京電車上，妳也不一定會被讓座。比起台灣來說，東京電車裡懂得禮讓座位的人算是少的。別說掛著懷孕牌子的女生了，就連年長者站在搖晃晃的電車上，緊鄰的座位上就是個埋頭打電動按手機的年輕人，一副事不關己的樣子，恐怕也很常見。

詭異的是，倘若年輕人真的讓座的話，日本老年人（特別是女性）堅持不坐的也大有人在。年輕人不好意思再回頭坐下，優雅老婆婆自認老當益壯繼續站著。被讓出來的位子，周邊的人想坐也沒有勇氣，最後就這樣空著，變成那頭誰都不騎的驢子似的，直到下一站。

在電車小小的空間裡，每個人就這樣上演著自己的內心戲。誰都想主導自己的劇本，但其實誰都不自覺參與了別人的戲碼，一幕又一幕。

15
上餐的速度

跟朋友在台灣的餐廳吃飯時，偶爾會發生一種狀況。同桌的彼此同時點了套餐以後，結果其中一個人的餐點已經上桌了，但另一個人的卻怎麼樣都還不來。

餐點還沒上桌的人，總會說要對方先吃，不然冷掉就不好吃了。不過，既然是約來一起吃飯的，就應該一起吃才對，於是便繼續一起等下去。我曾經就這樣等著，等到都快過十分鐘了，餐也還沒來的窘態。催了工讀生，他們總會回答「好，幫你看一下」，然後現況依然沒有改變。

有時候比較熟的朋友，不拘小節，就先吃起來了。心想對方的餐點，很快就會上桌。可是偶爾會發生對方的餐點終於來了，結果我卻快要吃完的尷尬場面。

在東京的餐廳裡，我很少碰到這種狀況。絕大部分會同時上菜，即使有先後，彼此落差似乎很少超過五分鐘。

後來我注意到，其實廚房跟店員是會刻意調整上餐速度的。在餐點不會冷掉的前提之下，同桌人點的餐點，先弄好的也會暫時放在廚房的出餐口，然後等著另外一個人的餐點也完成後，服務生才會一起出餐。

為什麼很堅持同時上餐呢？因為日本人習慣拿起筷子，雙手合十，和同桌共餐的朋友一起喊出「いただきます！（ITADAKIMASU）」才開動。

我跟從此再也不在週末一個人去家庭餐廳的原田，說了這個小觀察以後，她感覺很有趣。因為她從來沒注意過這個「不成問題」的問題。

不過，經我這麼一說，她終於領悟，最近因為聯誼認識了一個男人，約出去吃了幾次飯，但總覺得不很盡興的原因了。

「他永遠以快我一倍的速度吃完。剩下的時間，他沒事了，就一直說話，我卻忙得要一邊吃飯一邊回答他問題。我擔心他無聊，就想快點吃完，搞得好緊張，食不知味。」

點的東西一起上菜，一起開動了也一起吃完。看似什麼事情也沒做，其實是默默刻意調整過了。說到底，那便是一種觀察和體貼。

什麼是我們追求的理想朋友或情人呢？也許只是能夠一起拿起筷子開動，一起滿足地放下筷子，誰也不用等誰，那麼自然而有默契，步調合拍的那一個人。

「吃飯的學問，果然很大。」我說。

「當然。飯都吃不好了，其他的事，還能配合得令人滿足嗎？」

原田話中有話，笑起來說。

16

活用集點卡

在高消費的日本生活，有一件事情一定要學起來，那就是不要輕忽任何一張集點卡的力量。不論是搭飛機或電車、藥房、便利商店、超市、書店、餐廳、美髮院、服飾店、家電賣場和網路購物……幾乎什麼都能集點後現金回饋。很多店家是日常生活常會去消費的地方，就算不辦卡集點，你還是會花那些錢。因此，不集白不集，其實很快就會不知不覺，集到令自己有恍如買蔥送蒜的小竊喜。

我最常用的一張點數卡是購物網站發行的信用卡。刷卡就能集點，然後直接在他們家的網路購物，折抵現金。放眼望去我的洗手台上，攜帶型電動牙刷和頭皮按摩機都是這樣免費換來的。美髮院的集點卡也很好用，大概每剪三、四次就可以折抵日幣一千圓。單筆消費金額較高的地方，則是家電賣場了。從電視、錄影機、相機、咖啡機、空氣清淨除溼機、電腦和相關產品，買下來可以集到的點數都挺驚人的。說也奇怪，日本所有的商店都是不二價，但偏偏家電賣場是可以議價的。只是談的不是定價本身，而是點數回饋的百分比。比如我買相機跟iMac時，都談到定價17%的點數回饋，幾乎可以免費換一台便宜的印表機，或增添需要的電腦周邊商品了。

這陣子，山田君的iPhone合約到期後，他決定放棄再用iPhone。我以為他比我對蘋果還要死忠的呢，這結果令我有點意外。

「因為我討厭帶一堆集點卡出門。」山田君說。

原來日本其他廠牌的智慧型手機，幾乎都對應電子錢包和電子集點卡功能。過去惱人的集點卡，因此正逐漸消失中，只要帶著手機感應一下，就能集點成功。這令我也有點心動。

他鼓吹我：「所以你也快點換吧！」

我笑起來回他：「難道只是為了集點卡嗎？」

山田君好像失神了，沒聽見我說什麼，只是專注地盯著手機螢幕。我好奇湊過他身邊看，原來是3G定位的交友APP。一格又一格的大頭照，亮起上線的綠燈。山田君熟練地按下MATCH或收藏進書籤裡。像是另一種集點卡，等待著某一天，誰與誰，一次溫熱的兌換。

17

月台等車的位置

如果你身邊恰好有住在東京的朋友，一起搭車時恐怕都有這個經驗。進了月台，朋友不停下來等車，只顧著一直往前走，然後突然間，對方卻停下來了。你心底大約便會升起疑惑：為什麼不是剛剛一進站或更前面一點的地方，偏偏是這裡呢？原來，一切都是因為轉車的緣故。

東京電車路線四通八達，每個地方都可能有好幾條路線可以到達。因此超出平常慣常搭乘的路線時，進站前大家一定就是先用手機查詢起點到目的地。搭哪一條線轉哪一班車最省錢（轉乘時盡量搭同一個鐵道公司的電車比較便宜），以及怎麼換車最省時。接著，進站以後最重要的事情，就是先去看牆壁上貼的沿線站名與車廂表。這張圖表會把列車在每一站停靠時，出口跟最靠近轉車的位置，都標示得清清楚楚。

簡單來說，比如我準備從新宿，搭山手線到澀谷轉乘東急東橫線時，圖表上就會寫出，我在新宿站的月台上，應該在月台上的哪裡等車，進到哪一節車廂，於是當電車到了澀谷站以後，一下車就是離轉乘東橫線最近的樓梯，走下去，就是東橫線月台。因此，月台上總有人走來走去的，就是大家都看好了等一下馬上就能就近轉車的車廂，要走到那位置上車。

前幾天跟山田君約出去吃飯時，在地鐵站月台上等車時，他突然向我宣布最近認識一個很有發展潛能的對象。有沒有潛能我是無法斷定，但我比較在意的是他是否又要重蹈覆轍一樣沒結果的戀情。於是只問了他一句：「他跟過去你遇見的人，有什麼不同？」

「折衷。」他極富禪意的表情，惹得我險些失笑。然後補充道：「以前認識的人，等車時對方總是遷就我，硬要陪我走到我轉車比較近的月台位置。而最近認識的這個人，我們各自轉車比較順的月台位置，恰好在頭尾兩節車廂。不過，誰也沒遷就誰，折衷在月台中央一起等車。」

我聽了簡直覺得山田君是身在福中不知福。有多少人恐怕還羨慕他，希望對方遷就自己，因此覺得體貼呢。太受歡迎的人，受寵過度的人，偶爾被普通對待時，反而看出了幸福的層次。

地下鐵進站的風把山田君剛剪好的頭髮吹得一團亂，但即使亂，看起來還是有型。他轉過頭，對我笑起來，瀟灑地說：「上車吧！」我點點頭，看著他的背影，心裡想著，山田君你真的是過著跟我不一樣的人生哪。

18
電視機的轉型

最近幾次回到台北，發現有愈來愈多複製日本空間的店家了。其中，有不少日式居酒屋。那種小小的空間，只擺了幾張桌子，還有居酒屋裡絕對不可或缺的，能瞥見廚房料理現況的吧檯座位，在台北也能看見。總是因為串燒而煙霧瀰漫，但在朦朧之中，倒也恰到好處地增添了時空的錯覺。

在日本的居酒屋，牆上大多會掛上一台電視機。一般餐廳不會看見放電視機，不過在某些食堂，尤其是居酒屋（或日式小酒館），電視機幾乎是基本配備。

小酒館的電視機是兼用卡拉OK的。沒人唱歌時，一定會放音樂頻道或歌手演唱會DVD。用意是讓客人忽然看到喜歡的歌手出現時，想到其實可以來高歌一曲。歌唱多了就口渴，即使不口渴，氣氛也會HIGH起來。這時候媽媽桑就會順理成章地斟酒，半醉半醒的客人就會一直喝，直到結賬時才被賬單嚇到酒醒。

至於居酒屋裡的電視機，存在性跟小酒館的很不同。居酒屋的電視機只有畫面，沒有聲音。放的不會是音樂頻道，而多半是新聞性節目或綜藝節目。目的是創造聊天的話題。居酒屋的老闆通常沒有小酒館的媽媽桑那麼能言善道，而且要忙著做菜。不知道講什麼時，電視上正在播的畫面是提供話題的好材料。客人之間也是如此。冷場時，熱門的新聞事件、流行的話題或當紅的藝人出現時，常常可以為彼此開啟一個新話題。

這種日式飲食空間裡放的電視機，恐怕是複製日本店家的台北比較難以辦到的。因為除了NHK是原汁原味的日本頻道以外，其他的都是台灣加工過的日本節目。氣氛上不大一樣。還有一個致命性的關鍵，就是日本的電視台都已經進入HD高畫質的無線訊號，但台灣還沒有。且收視習慣以有線電視頻道為大宗，畫質常因第四台的設備而異。光是畫面影像品質，就知道自己不在日本。

到過日本旅遊的人，一定會在打開旅館的電視時，忍不住冒出一句：「日本的電視怎麼那麼清楚？」藝人們皮膚的好壞，無所遁形。其實不光是電視好壞的問題，更關鍵的還是HD畫質的地上波無線訊號。

所以，每當我回到台北，經常在某些區域有身在日本的錯覺，卻總在回到家裡，打開電視機的剎那回到現實。

縱使不論台灣電視的收訊品質，光是節目內容令人感到不耐也是有目共睹的。「新聞頻道綜藝化」早已成為台灣難以根治的瘤，這就不必贅述了，但綜藝節目怎麼看也不有趣，就很讓人感傷。剩下的，大概就只有外來的韓劇和日劇吧。

我在日本看電視的時間不多，不過一個星期之中，總還有幾個是覺得錯過就可惜的節目。播出時沒辦法看的話，一定會錄下來。

前陣子，換了一台40吋的電視，許多新功能，讓錄節目更方便了。比如，可以在表單中設定關鍵字，像是喜歡的藝人名字等等。於是，只要有那個藝人演出的節目，就會自動幫你錄起來。此外，錄節目是跟著電視台的節目表走的。也就是說，電視台的節目要是有臨時增長縮短或時間異動時，錄像都會跟著節目走，不會有沒錄到的遺憾。你還可以看見預約錄影排行榜，透過電視上的網路得知，使用同一品牌電視機的全日本觀眾，這週預約了哪些人氣節目。有興趣的話，就立刻按卜預約錄影鍵。

雖然我跟許多台灣人一樣，都覺得日本的電視節目很好看，但其實日本電視台也面臨著有愈來愈多的年輕人不看電視的窘境。我有許多日本朋友的家裡，甚至沒有買電視機。原因出自網路。網路也可以看到電視節日的片段，並非絕對要有電視機才行。還有人分析，現代的日本年輕人，特別是十幾二十歲世代，已經習慣了互動式的生活。就像很多人不買CD，但卻願意花錢去看歌手的演唱會，喜歡的是一種即時的互動臨場感。而電視機亦是如此。比起網路社群來說，少了擁有共通興趣的網友之互動性，於是一天之中花在臉書和推特的時數，已超過了看電視的時間。

就在我更換新電視的同時，也買下一組家庭迷你劇院。聯結上蘋果商店，即使住在東京的我，也可以到台灣的蘋果商店租台灣的電影來看。異鄉和故鄉，在這個年代的界限已經好模糊了。電視機的存在，已經從看節目轉型成家庭小劇院。會不會是愈來愈宅的關係呢？當我無意間按下暫停鍵為的是去廁所時，才意識到大概是年紀的關係了。

19

時空限定版噪音樂團

每次在夜裡十一、二點搭電車回家時，我偶爾會想起四年前，在學校裡同班過的一個巴西男兒。記得他曾經在班上不只一次說過，他不明白為什麼每天早上，電車裡日本人的表情都那麼悲淒。擁擠的車廂裡氣氛死寂，搭配放眼望去的上班族一身暗沉的西裝，每個人都像是從電視裡爬出來的貞子充滿怨氣。即使發現站在一起的是朋友或情侶，也觀察到他們像剛吵完架出門，不發一語。

那不然巴西呢？老師跟同學們自然是得一問的。巴西男兒回答：「大家都有說有笑的啊！一起搭車的朋友會聊天，說昨晚發生了什麼事或今天準備要幹嘛。不認識但總是在同一站上車的，也會打招呼。」

聽著巴西男兒這麼說，我彷彿覺得下一秒，就會在那車廂裡天外飛來一粒足球，然後眾人們忽地交換眼神便扭動起身軀來。一個飛踢，幾抹笑容，陽光燦燦之中，手肘豪邁地抹去額間汗水，最後，畫面定格在仰天大灌可樂的剎那。

冷靜的日本老師把我拉回現實。以一種扮演文化橋梁的角色，四平八穩地回答巴西男兒：「生活習慣真的各地方迴異哪。日本人覺得電車是公領域，因為自己的私事干擾到別人，不是一件禮貌的事。所以大家在電車裡，永遠是安安靜靜的，連電話都不能講。」

當年我剛來日本，觀察還不深刻，但後來很快就發現，不對不對，無論是巴西男兒或是日本老師，他們好像都不是住在東京似的。不然就是他們實在太乖，每天晚上十點以前就會回家，沒體驗過十一點半以後，末班車之前的電車時光。

電車收班前，尤其是在週五週六深夜，在擁擠的東京電車裡幾近掀頂的嘈雜，經常讓我有誤以為現在這班車是要開往迪士尼樂園的錯覺。

是有必要這麼HIGH嗎？月台上吐的、昏厥的、醉到面壁思過的年輕人（還是那其實是一種行動藝術！）已是司空見慣，畢竟那些人還是安安靜靜的。走進車廂裡，酒氣沖天的空氣是必備品，重點是拘謹的日本人都消失了。

誰說電車裡的日本人表情都很悲淒？大家很開心哪。每個人講話的音量都沒在怕的。男生話裡的內容多半平淡且不深入，要聽就要聽女生的。這些大放厥詞的日本女生，不再在乎日文典雅的女性用詞了，她們的聲音都特別尖銳，笑聲也豪放至極。可是，他們看起來都很溫柔婉約噢。平常穿著和服，端著抹茶練茶道抿著嘴微笑也不意外的。

「上次聯誼我跟妳說過的那個北村妳記得嗎？看起來人超帥，結果去了他家，超亂超恐怖！蛤？沒有啦，超倒胃的，結果想『做』的事我也不想了！」

「妳知道夏子嗎？對，就是健太的前女友。我跟妳說一個祕密噢。超嗨的一個祕密，可是妳要答應絕對絕對不能說出去！絕對噢！」

這些老掉牙的台詞，還真的就會發生在這種時候。我站在這些女生旁邊，差點失笑。不能說的祕密，結果她的超大音量，周圍的人都共享了。

基本上日本人大多時候都是很守公共秩序的，保持距離並維持寧靜。但，並非「永遠」如此。總有幾個特定的空間和時刻，這個社會「默許」大家可以在那個限定時刻和空間裡，徹底解放。

就像是「期間／地域限定」商品一樣，東京的放縱與嘈雜也有限定版。週末假期的深夜電車是其中一例。而年輕人愛去的連鎖居酒屋則是另外一例。吃相跟坐相都無所謂了，走進這個空間，彷彿就是要來比賽誰的聲音宏亮，怎麼狂笑喧譁也絕不會有人來勸誡。

我和同樣是三十世代的朋友，曾在居酒屋裡對打工的工讀生說：「麻煩可以換到那個角落坐嗎？」三十世代的我們，外表看起來或許還能矇騙過關幾年，但內心卻已心如止水。

旁邊個室的聲音實在大到瘋狂，年輕的工讀生重問了兩次才聽到我們的請求。

「有點吵是嗎？好的，幫你們換到那裡。」

當然不只「有點」吵而已，不過，我們根本沒說換座的理由，但並不在臉上顯露出內心情緒的工讀生，卻不經意透露了內心的聲音。

吃飽喝足，離開菸味沖天的居酒屋，簡直覺得外頭的空氣像有一百台清淨機同時強力運轉。

趕著末班車衝進車站，擠進電車，山手線車廂哐啷哐啷地啟動。笑聲跟語言又開始在空中撞擊起來，而我再度拉長耳朵，在時空限定版的噪音樂園裡，看看今晚又能合法竊聽到幾個祕密。

20

蹲馬桶的技藝

年中去紐約玩回來以後碰到了賢太君，很自然地就聊起旅行途中的事。我原本以為他會對這座大城市的美食或熱門景點充滿好奇的，或至少會關心一下我特地去了《欲望城市》凱莉的公寓前拍照才對，結果沒想到他最先拋出的問題居然是：「美國的馬桶可以直接沖掉衛生紙嗎？」

我還沉浸在雀兒喜的優雅街景，場景來不及切換到馬桶間裡，只能生硬地點點頭，連話也說不出。賢太君臉上似乎透露出放心了的表情，又追問：「那，旅館都有免治沖洗馬桶吧？」這下子我終於回過神來，很肯定地回答他：「不，都沒有。」只見他的臉又沉了下來，喃喃自語地說：「困擾啊……」最後，他認真地說，以後出國旅遊，考慮買一組最近TOTO出的攜帶型如廁沖水器。

這讓我想起偶爾有幾回跟社長到外地出差，幫忙訂住宿時問他有何需求，社長的其中一個必需條件，就是旅館廁所必須配備免治沖水馬桶。

再次認定日本人真是注重吃也注重拉的民族。正所謂在意著「有始有終」的每個細節。

前陣子搬家，一直在考慮前屋主留下的免治沖水馬桶座該不該換掉。倒不是有什麼衛生上的問題，而是在想要不要換一組更進步的。比如，沖水按鈕變成貼在牆壁上的遙控器，或者那種人一走進去，就會自動感應把蓋子掀開來的馬桶，感覺高級。後來想想，原來那個能用就好了，我不如把錢省下來去裝潢飯廳或客廳，畢竟一天之中待在廁所的時間少之又少。

說到自動感應掀蓋的馬桶，我向來對它們保持著很誠惶誠恐的態度。

男生都習慣站著小便，即使是坐式馬桶，大概也因為懶吧故多半就站著尿。站著尿，馬桶就該掀蓋（上完再蓋回來）是基本禮儀，怎料有些自動掀蓋的馬桶，似乎時間設定得太短，你站在前面才上到一半呢，居然就要蓋起來了。我曾被嚇得措手不及，一邊阻止蓋子無情地往下蓋的同時（力道還挺大的），一邊又必須精準無誤地完成小便，非常驚險。自從那次以後，我要是在外遇見自動掀蓋的馬桶座，都乖乖地坐下來。

這兩天看到一則有趣的新聞。說近來有些日本的小學生在入學後，面對校園裡的蹲式馬桶時竟整個傻眼。原來很多小孩這輩子都沒見過蹲式馬桶，居然不知道該怎麼上。腳不小心踩進去；便便對不準；蹲著怎麼上也上不出來的案例，顯示對蹲式馬桶「苦手」（不擅長）的新一代小朋友，超乎想像中的多。在一份小林製藥的調查中甚至發現，因此乾脆忍著不進廁所，導致便祕的小學生也是有的。家長希望學校都能更新馬桶，但校方多叫窮，表示沒預算。唯一能最快解決的方式，是在入學前的說明會上，舉辦蹲式馬桶的訓練教學。

看到這裡，我實在忍不住失笑了。也許我們這一代，恐怕在現在的日本小學生眼中算是廁所裡的忍者呢。畢竟我們可是擁有著，能夠在蹲式馬桶上廁所的高超技藝。雖然我承認，坐式馬桶確實比蹲式來得舒服多了，而且年紀愈大愈是回不去，但在蹲式馬桶面前呆住的畫面，怎麼想還是覺得不可思議。

然而，「不可思議」這四個字，其實就是這樣一刀刀的，在許多生活的小細節中，不知不覺地切開了每一個世代與時代。

21

網購無所不能

日本的購物網站樂天和亞馬遜真的是愈來愈吸引人了。經常會有的限時特價不說，就算沒特別折扣季時，經過比價，總能找到很划算的商品。自從他們積極開發電子書市場以後，服務的領域也就更寬廣。現在連正熱門的線上串流影音市場都涉足，加入會員免費試聽，擺明了要狠搶蘋果的生意。

我和朋友們如今都已經習慣，在實體商店看到想買的東西時，會先掏出手機上網查一查。經常看到價格更便宜的，就站在那商品前網購下單，狠心地選擇了別人家。遇到體積大的東西，不必自己提回家，也不用宅配費用。

最近很熱中的網購，是亞馬遜提供的「定期便」的服務。生活中定期會消耗掉和需要買的東西，比如慣常愛喝的咖啡粉、拋棄式隱形眼鏡或廚衛清潔用品等，只要第一次設定好購買清單，可選擇每隔一個月、兩個月或三個月，亞馬遜就會把那些日用品，定期補充宅配過來。

好處是送到家門前，而且這樣買會打折，比實體店面還便宜，並且再也無關住家附近的超市或大或小，東西有賣沒賣的問題。

台灣的PChome推出了下單後全台保證二十四小時、台北市保證六小時到貨服務。日本的亞馬遜最近更狠，在東京都內推出下單後一小時送貨到府。只要從清晨六點到深夜十二點之間下單，一小時內都能送到。

在日本這個物流業發達，講究守時的國家，宅配是以每小時做為單位的。朋友和我都曾有在台灣的購書網站買旅遊書，結果人都出發了，書還沒寄到的氣死人經驗。買了東西卻只告訴你「正在調貨中」而不明確告知幾天以內能送到，實在很嘔。這種事在日本絕對不會發生。

如此有效率的宅配，我想，跟日本善於整理術和系統化的物流ＳＯＰ，有絕對的關聯性。只是這肯定也苦了背後送貨的人。我常常在各種烈陽、暴雨或大雪的壞天氣，仍看見宅配業者穿梭在大街小巷，努力保護好宅配物，用一種抵抗大自然的毅力繼續送貨，就覺得日本再怎麼經濟式微吧，但這種埋頭苦幹的民族精神，比起許多國家而言還是更有起死回生的機會。

網購無所不能，樂天早就將「購物」的定義擴大，在站內也販賣旅遊行程產品，甚至是賣房子。對手亞馬遜也毫不遜色，不僅讓會員免費聽音樂、看雲端電影和影集，前陣子，甚至還推出了宅配和尚。初聞嚇一跳，原來是購買和尚做法事的服務，引起宗教界和消費者之間兩極化熱議。

把這件事跟公司前輩分享時，原以為比較年長的他，會保守地說：「這成何體統！」結果沒想到他非常支持。問了原因，對買東西是否有折扣，總很在意的他說：「很好呀，價格透明化呀！最重要的是，沒想到買和尚，還可以累積現金折扣的購物點數呢！雙贏。」

22
野菜生活

在日本人的飲食生活中，特別是外食，青菜類真的是少得可憐。

只是來日本旅遊的話，每一餐顧著非吃不可的美食就好，很少會去注意什麼營養均衡，這一餐有沒有吃到青菜的問題。反正出來玩嘛，別那麼在意，卡路里什麼的也就忘記吧，偶爾放縱一下無妨。不過，一旦在日本生活，久住多年以後就會發現，倘若沒有刻意去攝取蔬菜量的話，一不小心，就很可能連續好幾天，都沒有吃到什麼青菜的機會。

對台灣人來說，無論進到什麼餐廳，都可以點上一份燙青菜或清炒時蔬（並且至少會有地瓜菜、空心菜或高麗菜等三種以上的選擇），反觀在日本的餐桌上，蔬菜似乎就顯得很沒地位。

不對呀，可能有人聽了會立即反駁，日本料理當中也有很多是用蔬菜烹調的精緻菜色吧？但稍微觀察一下就不難發現，在日本料理中，蔬菜多半只是配菜，而且通常只是一小碟，很少會像台菜那樣，一整盤端上來的主角本身，就是菜。很多時候，日本的蔬菜會變身成各式各樣的再製品。比如醃菜，或者也常吃韓國泡菜。可是無論哪一種，其實都弄得很鹹，不宜過量。

更多時候，蔬菜會炸成野菜天婦羅或做成野菜可樂餅，或者是大阪「炸串」的吃法。在日本外食，實在太容易就會吃到炸的東西。這些炸物是很好吃，但也非常的油！油炸的東西，怎麼想都不健康，口感也不清爽。

在日本的餐桌上能吃到以「原貌示人」的蔬菜，經常只會有兩個機會——生菜沙拉和火鍋。

可是生菜沙拉冷冰冰的，常有遇到不想吃冷盤的時候。所幸這幾年餐廳流行起吃「溫野菜」風潮，總算可以把蔬菜暖暖地下肚。溫野菜就是清蒸蔬菜，蒸的不加任何調味料，吃到的是青菜的原味。聽起來很健康？不過幾乎所有人在吃的時候，不會真的就這麼單吃，最終還是會沾點柚子醋醬汁搭配。

仔細想想，不管是生菜沙拉、溫野菜或煮火鍋吃到的蔬菜，說穿了，好像都不需要什麼特別太艱難的烹飪技術？只要青菜新鮮，醬汁調對了，攪拌沒失誤，大致上口感也就不差。相較來說，台菜的葉菜料理，主廚的技術與經驗值的判斷，似乎更為關鍵。例如掌控火候的功力，以及炒蒸燉拌煮，哪一種菜適合用什麼方式來做，再佐以琳琅滿目的調味，菜色變化多端。最重要的是，你不會只吃到一點點。這些青菜，都會是餐桌上的主角。

日本超市賣的青菜並不少。然而那些青菜走進日本家庭的廚房，最終也是以配角的地位出場。我和一位喜歡吃台菜的日本朋友討論過，他說，雖然日本人也很喜歡吃中華料理，但是在家裡吃飯時，關於「純粹炒出一整盤青菜」這件事，似乎很少會在他們的思考範疇中。

每當我意識到這兩天又沒吃到什麼蔬菜時，就會決定回家為自己炒上一大盤菜。吃菜的時候，提醒自己要過著健康的野菜生活，在那同時彷彿也透露出無論我旅居在哪一個國度，身體都早已經記住了台菜的口感，永遠是個台灣的孩子。

23
春一番

來了。氣象廳宣布今天是「春一番」來了的時候，站在陽台上晾衣服沒站穩的我，差點沒被突來的強風給吹走。

「春一番」指的是每年從二月到三月，大約在立春到春分之間，日本列島除去北海道、東北和沖繩以外的地區，第一次接收到來自東南東往西南西吹拂的強風。這一天，陣風特別強烈，氣溫也會忽然上昇。本來可能只有十度左右的東京，一下子就會飆到快二十度。

強風把寒冬給吹走，春日接班，在這一天終於有了實感。

不知道為什麼，「春一番」這三個字，總讓我覺得很充滿演歌味。大概是「一番」（ICHIBAN）念起來就很「阿莎力」吧，本身又帶著極致的意思，於是三個字組在一塊兒，就感覺很帶力道，跟演歌使勁賣唱的腔調有得匹配。

實際在網路上查過以後，發現真有這首歌的存在。只是並非演歌，而是一九七六年由當時火紅的女子三人團體

Candies演唱的昭和金曲。要說是充滿力道的歌曲，其實也沒錯。當年三個青春小女生蹦蹦唱唱的表演，仍能感覺到一股充滿青春活力的力量。

中午工作到一段落，外出覓食時，連路都沒辦法好好直走。感覺自己像是超級市場裡用得太久的推車，愈是想往前推，愈是要轉彎。

身旁經過的上班族們，聽到大家談論的話題也都是春一番。話還沒盡呢，一陣風又襲來，大家哇哇叫地趕緊躲進店裡。

風實在太強了。這種強風，出現在日本初春，最災難的事情就是花粉熱。氣象廳一大早就發布花粉情報，告訴東京人，今天一整天都是花粉飄散的最高警戒。大家緊張兮兮的，盡可能地做好萬全措施，降低花粉症狀。

最開心的大概是做口罩的商人吧。放眼望去，路上的行人幾乎有七成都是帶著口罩的。即使戴著口罩，花粉跑進眼睛也是淚眼汪汪。

藥房的員工應該也結賬到手痠。對於季節的敏銳度，絕對不輸給時尚精品店的日本藥房，只要稍微張望一下此刻入口擺著什麼東西，就知道這個社會目前正在「流行」什麼。當令需求最大的藥品，一定會被擺到門前。

現在當然就是擺著成堆的口罩，以及各式各樣緩和花粉症狀的藥品了。

不只是成藥而已，還有許多清淨空氣和消毒的用品。比方今年看到最有趣的，就是一款掛在脖子上，做成證件夾的空氣清淨片。我翻了一下架子上擺著的ＤＭ簡介，說得很有科學根據的樣子，總之就像是攜帶了一台空氣清淨機似的，能隨時降低花粉的襲擊。對廣告很沒招架力的我，又有些心動了。

回到辦公室，在網路上跟台灣的朋友分享這些事時，朋友顯得興趣缺缺。同時間卻看到臉書上有住在日本的朋友受人委託，買了一大堆的雷神巧克力，獲得廣大民眾的迴響。這幾年來在便利商店銷售並不怎樣，甚至過期了還被退貨的巧克力，突然間因為台灣人旅行時的狂購，四處缺貨。連公司都因供不應求而宣布暫時停產。

突然覺得，好險台灣人沒像日本有這麼嚴重的花粉症。

否則，藥房裡賣的那些春天良藥，此刻哪可能還安好地擺在那兒任人選購呢？

02東京性格

便當裡分隔的食材，
像是日本社會的每一個人，
保持距離獨立著，
卻在組合起來時產生一股搶眼的力量。
體貼而疏離，
溫馴且激情，
落差的雙面性。

01
鐵道聯繫人心

前陣子，為了安排我媽和外甥女在來訪東京時，去新潟越後湯澤溫泉來一趟小旅行，我來到ＪＲ高田馬場站附設的「綠窗口」旅行社，決定購買ＪＲ鐵道公司與溫泉旅館合作的套裝行程。

我選擇的溫泉旅館，如果單訂的話，一泊二食起碼一個人要價日幣近兩萬。而從東京往返越後湯澤的新幹線車票，指定席的成人票則要價日幣六千五百元。如果分開訂購的話，日幣兩萬五到三萬跑不掉。不過，ＪＲ旅行社的套裝行程卻很划算，只要兩萬出頭，而且還附送日本酒跟每人日幣五百的購物券。

綠窗口旅行社櫃檯裡，接待我的是一個身材有些豐腴的女孩。我向她說明了希望訂購的套裝行程後，她起先問我，同行的小孩是幾歲？我回答五歲，她接著說，那麼其實五歲是不用買新幹線的票，只要我們跟著小朋友一起去坐不劃位的自由席就行了。至於飯店因為是和式榻榻米房間，沒有加床問題，另外付給飯店多一份枕頭棉被的錢就好。用餐時候，兩個大人的費用是已經含在套裝行程裡，那麼也只需要多付小孩的餐費。

新幹線的車票很貴，多買一個小孩的套裝費用也不少。聽起來，小姐建議只要買兩個人的套裝行程，理所當然是比較省錢的。當然，我就這麼做了。

小姐開始請我選擇來回新幹線班次的時刻，並貼心地告訴我，因為坐自由席，經驗上選擇哪個時段的車次比較會有空位。然後她開始打電話去飯店訂房，詢問小孩加棉被跟用餐的單獨費用。最後，她仔細地說明萬一要取消旅程時的各種注意事項。一切都OK以後，就在她準備開票之際，我突然看見她拿起計算機，沉默地埋着頭苦算，又不斷地拿筆，記錄著一堆數字。她在做什麼呢？在我幾乎快耐不住性子的時候，小姐突然拿出兩張寫著一堆數字的便條紙，開口解釋。

「我剛剛發現，買三個人的套裝行程，比我之前說的那樣划算，會便宜日幣兩千多！因為三個人一起買的時候，大人每人只要兩萬一，小孩則是一萬多。但是只買兩個人的套裝時，大人每人會升高到兩萬三，而小孩單獨買餐費跟加棉被的錢，總和就超過了三個人買套裝的費用。」

天啊，居然有這麼感人的事！老實說，她若按照最先那樣處理完畢，也算是完成了她分內的工作。而我們兩個人，將不知道這其中原來有差別。但是，她卻能想到要重算一次，比價出更划算的行程，真的令人感到貼心。

本來已經很感動，看見她露出了一股「發現真相」時，如此滿足且堅定的愉悅表情，我簡直覺得應該鳴砲奏樂了。

忽然想起，在東日本大震災後，損毀的東北新幹線復駛時，ＪＲ鐵道公司推出的海報標語上，其中一段話寫著「鐵道聯繫著人與人的心」。

當我拿著購買好的套裝行程車票，在櫃檯前起身離開，聽見那位貼心的小姐對我喊出「謝謝光臨！希望你旅途愉快。」之際，確實感受到那句海報上的標語，不只是服務業吹噓的文案而已。

02

冷食的雙面性

很多人在看日本旅遊頻道的節目時，都會被日本的「鐵道便當」給吸引。配合不同地方特產與時令旬菜所販售的鐵道便當，不僅口味種類繁多，更講究視覺設計。打開便當盒蓋，在方格之中，從食物的擺放、顏色的互補再到量的斟酌，簡直是一道藝術的演出。

鐵道便當的狹小世界，濃縮著日本人追求精緻美感的精神。那股魅力讓多少愛看日本旅遊頻道的人，都曾經把到日本吃個鐵道便當當做志願之一。

只是，首次嘗試鐵道便當的人，大約有三分之二常會在吃下第一口以後，冒出同樣的一句話：「呃，冷的。不能加熱嗎？」

可惜，在一個日本便當的原則下，冷便當是鐵道便當不可分割的一部分。鐵道便當真的是沒在加熱的。據說日本便利商店裡微波便當的做法，還是默默受到台灣影響的結果。

生魚片、壽司、飯糰和冷麵，日本的食文化當中冷食從來就占了很大部分。而且愈是高級的日本料理，冷盤的比例也愈高。

到鳥羽的一間溫泉飯店採訪時，飯店經理人安排了一頓在和式房裡享用的宴席料理。年輕卻經驗老道的日本廚師在席間進來打招呼。他客氣地問我：「冷盤很多，還習慣嗎？」原來他知道有些華人觀光客，不是太習慣日本料理中有那麼多的冷食。

廚師說，他也很愛吃中國菜。我遂問他，對中國菜留下什麼印象。他打趣地回答：「菜上桌了以後，大家都搶得很快。」我聽了失笑。其實也沒錯啦，因為我們從小被教導吃飯的最高指導原則就是「趁熱吃！」不是嗎？

日本料理因為冷盤多，所以可以把弄好的食物暫時擱著，再調整擺盤設計與裝飾。但中國菜不同。大多是煎煮炒炸的東西，而且湯湯水水的東西太多，一冷了就難吃，所以沒時間考慮太多擺盤藝術。於是乎做好了就得趕緊上桌，上了桌就得趕緊趁熱吃。大家都搶得很快，深怕食物被冷落而患上憂鬱症。

以前在早稻田念書時，我偶爾會自製便當，中午到了就去福利社借微波爐加熱。後來去設計學校時沒微波爐好用，我便放棄了。

我身邊的韓國同學這一點跟台灣人挺像。看見班上日本同學帶來精緻美麗的冷便當時，我們也用著從日本人身上學來的美德稱讚：「哇！看起來真好吃！」其實卻並不帶羨慕之情。大家寧願去便利商店買微波便當。縱使擺盤不漂亮，但在下雪的寒冬能吃到溫熱的一餐，比什麼都幸福。

那些在便當裡各自分隔的食材，就像是日本社會的每一個人，保持距離地獨立著，卻在組合起來時產生一股搶眼的力量。而冰冷的日本料理總是看似如此地優雅與靜謐，其實在刀俎與脣齒之間，收編著生魚生肉的殘猛。

體貼而疏離，溫馴且激情，落差的東京雙面性，就是如此地在每一次當我陷進失落虛無時，又挑逗起了我的高潮狂喜。

03
炸物的對照

前陣子受文化部和出版社之邀，特地回台北一趟，參加一項名為「台日作家交流」的活動。跟我搭同班飛機從東京往返台北的，除了與會座談的日本作家外，還有一名來自日本出版社的資深編輯K。

在出版社款待的晚宴上，編輯K說，剛才抵達飯店到晚餐之間的一小時，已經把住宿周圍掃過一遍了。問他有什麼發現嗎？他不假思索地回覆：「鹽酥雞！」個室裡圓桌的菜都還在上呢，他已經迫不及待地說等一下回飯店前，一定要繞到後面的街角去買鹽酥雞當消夜。

「真的是太神奇了！什麼都能炸！每個都好香！」

原來他剛才站在店門前觀察很久，心底早已勾好菜單。

不過，日本的「天婦羅」從海鮮、肉類到蔬菜等等，不也是都能炸嗎？但身為台灣人的我們都知道，天婦羅跟鹽酥雞，絕對是兩個世界。論種類來說，台灣鹽酥雞確實是完全打敗日本天婦羅。編輯K顯然是行家。確實如他所見所聞，鹽酥雞真的是什麼都能炸。最後再加上炸九層塔，完美的句點。不吃九層塔的日本人不少，但對編輯K來說也毫無阻礙。鹽酥雞已完全虜獲了他的心。

仔細想想挺有趣的。相同的食材，但在台灣和日本因為迥異的炸法和佐料，就變成兩種截然不同的滋味。鹽酥雞跟台灣人一樣，走重口味路線，注重下鍋前的食材醃製和調味料（包括撒上關鍵的胡椒鹽），炸起來的東西放在那兒就飄散起濃烈的香氣，充滿表現欲；天婦羅則跟日本人相同，乾淨且冷靜，不喜歡多餘的事物，炸出來的食物本身不會飄散濃厚的味道，只有吃的時候去沾醬料才能感受其香味，算是內斂而低調。

比起油膩的鹽酥雞來說，我恐怕還是比較接受清淡一點的天婦羅。

想起幾個月前，曾經跟友人拜訪過銀座的「天一」天婦羅名店。多年前我曾在銀座百貨公司的美食街吃過天一，當時的印象不太好。但，這次是進了高檔次的總店裡，果然一切不同。

專業的大廚像是鐵板燒的桌邊料理一樣，在你面前立刻裹粉炸物，等你吃完一道才再炸下一道。不是用麵包粉，而是用麵粉去炸出來的天婦羅，雖然外表吃起來不是可樂餅那樣酥脆的，但麵皮樸質的香味卻十分雋永。炸物外皮不搶戲，角色扮演得恰如其分，目的是為了帶出背後食材本身的口味。

鹽酥雞震撼了編輯K跟我喜歡吃天婦羅，說穿了或許只是因為我們是從習慣了的飲食經驗中抽身出來，因此覺得對方的食物有著奇幻的魅力。

而我其實對鹽酥雞沒有特別愛好。住台灣時一年吃不到一次。反而是現在回台灣時，想複習一些家鄉風味的食物才會特地去吃。以前真不覺得有什麼了不起的美味，但在日本獃久了，偶爾一吃，也有著外來觀光客的喜悅。因此某個層面來說，我完全能體會編輯K的情緒。

只是鹽酥雞也好天婦羅也好，怎麼說炸物都不是個好東西。但正因為不是個好東西，所以特別的迷人？噢，那又是另外一個故事了。

04

饅頭與包子

不知道饅頭和包子，當年結伴從中國渡海來到日本時，在自我介紹時到底誰掛錯了名牌，或者理解與轉述的人一時沒理清，以至於現在日本人所稱的饅頭，其實並不是我們所認知的饅頭，而是包子。至於饅頭，則變成日本人難以理解的一種存在。

豆沙包也好肉包也好，凡是有包餡的，無論甜鹹，我們都管叫包子。但日本人則全稱為饅頭。包肉的就叫「肉饅」，包豆沙的就是「豆沙饅」。溫泉鄉裡常會見到的土產，盒子上寫著黑糖溫泉饅頭，當然也就不是我們的饅頭，而是黑糖豆沙小包。想一想，日本人現在真正會用到「包」這個字，並且確確實實指的是我們所認知的包子，大概就是去吃小籠包的時候了。

跟前陣子剛認識的日本朋友小村提起這件事時，他有點驚訝。因為他活了三十多年，一直認為便利商店賣的肉饅和豆沙饅是從華人世界來的食物。完全沒想過我們其實不是叫它們饅頭，而是包子。

「那麼饅頭的本尊到底是什麼呢？」他忍不住想釐清

真相地問我，我也就簡單地解釋了一下堂堂正正的饅頭，應該是長得什麼模樣。

小村聽了以後，又抛出一連串的追問：「什麼餡都沒有？就這樣吃？不沾什麼醬嗎？那不就是麵包嗎？」

我解釋道：「不不不，不是麵包。饅頭比麵包更樸素，不必沾醬，因為本身擀麵時就會加一點砂糖。喔，也有的大白饅頭是沒有甜味的，但吃起來也有香味……我最喜歡吃饅頭夾蛋，而且要是蔥花蛋！」

只見小村皺了皺眉，顯然陷入了另外一種層次的困惑。

小村之所以想搞清楚，是因為他是個糕點師傅。平常做的多是日式麵包糕點，偶爾也想嘗試做做看多國籍的食物。

一個多星期以後，小村很興奮地在LINE上告訴我，他試著做了小饅頭喔！他傳來照片給我看，他所謂的小饅頭一字排開，有各種顏色，形狀不是方的也不是圓的，倒像是蒙布朗的圓錐外形，甚至還有心形的。

小村解釋：「不好意思，為了符合日本人的喜好，造型做了一點改變。口味上也做出日本人會喜歡的抹茶、巧克力和焦糖。」

過幾天，小村拿了他的小饅頭來請我吃，我在稱讚之餘，最後還是忍不住說，對我來說這些還是比較像是糕點，不是饅頭耶。

小村搔頭問：「真正的饅頭，不覺得單調嗎？」

我回答：「不會啊！」覺得單調，就夾蔥花蛋嘛，你要塗花生醬也沒人反對。但我覺得什麼都不加的饅頭，其實就有著它純粹的口感美味。

饅頭有自己的路要走，並不需要太多外在的添加贅飾。那種從清淡至極中吃出來的內在美味，其實也是日本人常說的「大人味」。

成為一個健全的好饅頭，跟人一樣，可不是外表看起來那麼簡單的呢。

05

兩極化的日本服務

從四國出差結束，搭全日空班機飛回東京羽田。飛機降落後，依序走出機艙。手上拎了個吃完的零食小空盒，準備拿下飛機丟。當我快要走出機艙時，瞥見了門口站著的微笑空姐。我忽然冒出一個想法：我會拿著這個垃圾走下飛機呢？還是空姐會注意到，把垃圾接過去？

輪到我走出機艙了。經過空姐，點頭交換微笑。當她開口道謝後，比我正進行的猜測還要快的速度，她立刻伸出雙手問我：「不好意思！如果願意的話，垃圾可以交給我。」

就是這樣，沒錯！這就是服務總不讓人失望的日本。其實就算我把垃圾拿下去，也不會覺得空姐服務不周。但，她注意到了。手上握著的空盒體積那麼小，況且也不是高高地舉著，她卻注意到了。這就是一種察言觀色，細心又貼心的服務力。

想起另外有一回，搭乘的是日航。登機前，我不小心把熱咖啡沾到了白襯衫上。急忙上飛機，邊進機艙邊擔心看著汙漬的狀況。經過機艙門口，空姐突然喚住我：「還好嗎？不介意的話，這裡有濕紙巾可以用！」當我看見她遞出兩條濕紙巾給我，還搭配一臉好擔心的表情時，真是感謝又感動。

日本的服務業，向來就是令人有賓至如歸的印象。

可是，話雖如此，最近我卻開始發現這國家有了些微妙的改變。

某一天，在我喜歡的日式速食店裡，一位坐在我對面的客人，不小心把飲料給倒翻了。正當他手忙腳亂時，還好店員來了。但令我萬分驚訝的是，店員只是經過了他，而且是來回走好幾次，完全沒注意到發生了什麼事。當然，我們可以體貼地為他解釋，他真的太忙了，只是一時沒注意到而已。但老實說，會出現這樣的場面，已不是我們所認識的日本。

不久前去京都，進了先斗町內一間以柚子湯頭聞名的拉麵店。老闆是日本人，店員是兩個華人。我用日文點餐，對方不知道我懂中文。坐我隔壁是幾個從中國來玩的年輕人。入座時，聽見他們用中文問女店員：「店裡給水的嗎？」怎料，女店員竟沒好氣地回答：「不給水的。要喝，就點飲料！」我聽了非常驚訝。在日本哪有拉麵店不提供開水的？就在這時候，另一個店員給我遞上開水了。女店員臉一綠，深怕那群年輕人見到我有了開水這一幕。

許多日本年輕人的價值觀正在改變。從前即使是在薪資低廉的地方打工，也會把工作視為無上的責任，現在則是不少人抱著拿多少錢，就給出多少服務的態度。把過錯歸咎於上司沒有要求嗎？尷尬的是社會面臨少子化，加上很多人不願做勞動的工作，讓許多餐飲店都請不到員工了，也因此無暇顧及嚴格的訓練。於是，漸漸的，只有外國留學生願意來幹那些粗活。可惜，很多留學生完全沒學到，或說不在意自己跟日本服務業有何關係。只是沿襲著家鄉的陋習，讓自己臭掉了一張臉，也腐蝕著日本引以為傲的待客之道。

過去在日本，無論高級與平價的消費，都有客人至上的精神，如今，種種複雜的原因造成兩極化的服務態度，也許應該引以為戒，那掉漆的徵兆。

06

東京按摩店

每次跟著日本同事出差回台北，不免就要當一下地陪。按摩，已經變成日本人到台灣觀光時的必要行程了（大概跟去鼎泰豐和九份有同等地位），因此老陪著一起去的我，竟然不知不覺也成了習慣。回到日本以後，每當腰痠背痛時，就興起「好想去馬殺雞啊」的念頭。

偏偏日本按摩好貴。通常來說，是以十分鐘為一單位。十分鐘，日幣一千日圓。因此在台灣一小時的全身按摩，在日本就要日幣六千圓。加上8%的消費稅（之後可能上漲到10%），就快要六千五百圓。大約可以換到22碗牛丼。

在日本，凡是手工職人的產業都貴。按摩當然也不例外。其實日本人也覺得貴，所以才有十分鐘為一單位的算法。很多裝潢漂亮的按摩店設在車站地下街裡，專門主打來去匆匆的上班族OL消費群。在午休時，或下班搭車回家前，馬一下，十分鐘一千圓，感覺也不那麼浪費。

只是不知道按摩師到底是沒吃飽呢，還是太小心翼翼怕捏出問題，在日本按摩總讓人感覺力道不足。嘗試過台灣跟泰國按摩的日本朋友們，也跟我有同樣的感想。尤其是大部分日本的按摩院，並不會要你換衣服。他們不好直接在你的衣服上壓來壓去，便會在你身上鋪兩塊毛巾。此外，講究衛生的他們，還會戴上手套才開始按摩。

按摩這件事，應該要用雙手去感覺身體的筋骨穴道，進而調整力氣的吧？蓋了那麼多層布，難怪被按的人覺得隔空搔癢。

後來有朋友推薦我一間在新宿的按摩店，是個韓國阿姨開的。一小時只要日幣三千圓。店裡的裝潢當然不能跟六千五百圓的相提並論，不過阿姨的按摩技術是很不錯的。

我去了幾回，但今年某個炎熱的夏日午後再去時，店裡只有我一個客人。我很詫異，店家為了省錢，居然只開窗戶，不開冷氣。窗外嘈雜的車流聲，完全無法令我放鬆身心。那天替我按摩的是另外一個男師傅。悲劇來了。室內的溫度愈來愈熱，他手掌冒出的汗，就這麼來回觸摸在我的身體上。那天以後，我便決定再也不要踏進那間店了。

這陣子，一小時三千圓左右的廉價按摩店，忽然在東京的辦公街區多了起來。主要的客層是上班族男女，所以很多店面甚至是開在辦公商業大樓的中層。這些店都是日本人所經營的連鎖店，很有規模。店家裝潢得乾淨清爽，按摩師也都訓練有素。

前兩天去體驗了一次，有趣的是，走進店裡就像是進日本食堂買餐券一樣，有一台票券機，要在螢幕上選擇你今天想按摩的時間和種類，最後再把票券交給櫃檯，工作人員就領你到按摩的床位前。

這些按摩店總的來說，技術都差不到哪裡，但再怎麼技術好，總也感覺少了點什麼。偶爾請家人或朋友替我按摩時，他們雖然沒有專業的執照，卻覺得更命中要害一些。說到底，那是因為在雙手的游移之間，他們不是為了賺錢，而是為了我，放了感情的緣故吧。

07

密室的咖啡

來東京以前，有一段時間在台北工作得很悶。當時的公司老闆是個容易見風轉舵的人，常搞得屬下無所適從。每一天做的事情完全對世人無益，唯一能感到開心的時刻只有午休跟下午茶時間。所謂的下午茶時間，當然只是自訂的。同事在辦公室的小房間裡，擺了一台濃縮咖啡機，我們在下午工作到百無聊賴時，就聚到那兒喝咖啡聊是非。

小房間成了一間密室，在氤氳的咖啡香中，藏著許多令人絕倒的祕密。

下午茶結束後，我常常在茶水間洗杯子時，會無神地望著窗外。冬天多雨的台北，令人無望。我偶爾幻想，要是這時候我人正在表參道的咖啡館，那該有多好。窩在咖啡館裡看本書，敲電腦寫篇短稿，管他是不是做作，反正一定比此時此刻來得有意義。

那時候，我已經決定離開台灣，幾個月後就要搬到東京了。不過，公司裡大多數的人都不知道這個祕密。因此，許多別人留下來的爛攤子，老闆還繼續丟給我，以為我會乖乖地收拾乾淨，殊不知，我也只能完成階段性任務而已。

旅行時總愛咖啡館。而那一段台北時光，東京的咖啡館於我而言，似乎多了一層「就將離開再出發」的新生活嚮往。

不過，等到我真正來到東京以後，能那麼悠閒地坐進咖啡館，奢侈地浪費一段午後時光的機會，卻比想像中來得少。因為，我已經不是一個旅人，而是一個居民。而且是一個外來的居民。在異地生活而非旅行之際，便有太多零碎的瑣事和必須面對的現實。

沒事就去表參道喝咖啡嗎？偶爾當然是可以的。但要是想去就去的話，恐怕會寅吃卯糧。剛來東京時，在日本完全沒有收入，吃喝全靠台灣的老本。東京的物價是台北兩到三倍，星巴克反而變成平價咖啡館。想去非連鎖的個性咖啡館吃個下午茶，飲料加甜點，少說快日幣一千，那就要台幣四百了。然後，總不能走路去吧？東京交通費也貴，從家裡出發到表參道，來回車費差不多也要台幣三百。

結果，好幾次想著想著，最後，我就留在家裡自己煮咖啡了。

當時覺得東京什麼東西都好貴。跟我同期來的台灣朋友也同感。我常開玩笑說：「要知道我們就算坐在家裡什麼事情也不做，每一分鐘的呼吸也是花上比台灣多兩倍的錢。因為昂貴的房租。」

轉眼間，那都已經是剛來日本時的事情了。時間一久，習慣了東京的物價，同時在這裡也有收入以後，去咖啡館早不是那麼斤斤計較的事。

不過，倒也沒有因此就經常去咖啡館看書或寫稿子。一來是懶了，二來是工作量龐大。放假在家裡也得工作時，要是有那個時間特別跑出門去咖啡館，不如趕緊坐到電腦面前工作才是。而且，好不容易把家裡布置成滿意的模樣，有什麼地方會比這裡更舒服的呢？

可我仍然鍾情東京的咖啡館。只是比起一個人去，現在，更喜歡找合適的朋友去，或者讓比我更熟悉咖啡地圖的人領我去。倘若沒有適合的朋友的話，寧缺毋濫，便等待下一次更好的時機再去。

東京咖啡館裡，最令我著迷的是有許多藏在大樓裡的小咖啡館。

台灣的咖啡館多半開在一樓，而東京地狹人稠，很多咖啡館都在樓上。多半在三樓以上，甚至是在十幾樓。這些大樓裡的咖啡館，從大樓外觀看來，幾乎找不到招牌，也很難從窗戶辨識。要不是有人介紹或讀到相關介紹，從大樓下面走過幾百遍，永遠也不會知道上面委身著另外一個世界。

偶爾坐在這些樓上如密室般的咖啡館裡，仰望起東京的天際線時，我會回想到當年在台北辦公室大樓的那另一間密室。

我想，我不是為了生涯規劃這種流行的說法而改變生活，也並非認為轉換一個環境，就該成就出多麼偉大的不同。我只是在想，每天做的事情，究竟會不會令自己感到心虛？或許我的「用途」不僅僅是那樣而已？

當捧起一杯咖啡，望向窗外的剎那，浮現的不是遠方角落的幻想，而是此時此地的自己，或許那就對了。於是乎東京或者台北，其實哪裡都可以。

08

城市綠地

在我住的公寓通往車站的途中，有一座非常大的公園。春天時不用說，當然是開滿了令人眩目的櫻花，在櫻花雨飄散的樹下，總有居民野餐的身影；夏天時綠葉扶疏，常見許多像是童子軍似的日本小孩們成群結隊地，拿著筆記本和相機，紀錄公園裡的花草和昆蟲；秋天時靠近池塘周圍的樹木，恰如其分地染出一整片紅葉。城市的葉子能紅成這樣，絕不是台北人可以想見的事；到了冬天，偶爾的幾場大雪，把公園的草皮鋪成像是鮮奶油蛋糕，那便是日文裡所謂的「雪化妝」之景致了。

據說這座公園很久以前曾是個垃圾掩埋場。後來廢除了以後，經過重新整修規劃，成了社區裡的休閒綠地。我總喜歡在天氣好的時候，穿過公園，走向車站的這一段路。園裡見到的一切，就是日本四季流轉的濃縮風景。

像是這樣的公園其實在東京很多。光是在我家附近，除了這座大公園以外，還在街頭巷尾，藏了許多小公園。有幾個轉角，或許稱不上公園的地方，至少也是一片公共的小綠地。這些地方都好像日劇裡經常會出現的場景。也許是某個深夜，和喜歡的人買了啤酒，坐在翹翹板或盪鞦韆上邊喝邊聊天，很難想像這一幕的靜謐也是東京。都說東京寸土寸金，但其實離開觀光景點，仔細走進小巷弄裡，再怎麼繁華的地方，約莫都能發現這樣的空間。

我經常在路過東京這樣的街角綠地時，看見草坪上跟著爸媽丟球的孩子；在遊戲器材區裡玩得不亦樂乎的小朋友；或者在公園椅子上吃便當的上班族，以及讀書的城市人。這樣的風情讓我再怎麼煩悶的心情都可以好起來，不過卻也同時也滋生出了微微的感歎。

畢竟，台北住宅區裡實在太少綠地了。當然我們也有一些規模不錯的公園，然而要去那些地方，總覺得是要「特地」去才能抵達。不像是東京的這些小綠地，低調地附屬在辦公大樓之間，住宅與住宅之中，讓人不經意地就走進去，公園是城市呼吸脈動的一部分。

看著東京的孩子們在公園裡奔跑時，總想到台北老家的小外甥女，下課以後的休閒活動就是坐在電視機前看卡通。而上了年紀的長輩們，想要找片綠地散步或聊天，也得先穿過摩托車呼嘯而過的十字路口，在滿天灰塵的撲蓋之中，才可能走到距離住家有段距離，不怎麼美麗的小公園。

最近這幾年東京流行起「屋上庭園」的建造風氣。倘若無論如何很難在住宅之中擠出綠地時，就在高樓的屋頂打造出綠色空間來。

比較高級的住宅大樓，屋上庭園便成為住戶的私有都會森林。商業大樓的屋上庭園，則大多可以讓一般人自由進出。每到中午時分，上班族就會帶著便當到這裡用餐。要是百貨公司的屋上庭園，便有逛街逛累的人來這裡小歇一番。

街角的小綠地，彷彿是別在東京這件華服上可愛的小徽章，不是主角，卻成為讓主角發光的小角色。

09

隱身的河川

前陣子出差時，被安排去河川裡抓魚。原來是一間吃鄉土料理的川畔餐廳，能夠吃到當地的新鮮香魚。而招攬觀光客的賣點，就是你可以捲起褲腳親自下水，手撈活蹦亂跳的香魚，然後請店家立刻烤來吃。

我好奇哪有這麼多魚可抓，又怎麼能如此剛好，每一組都抓到不多也不少的香魚呢？原來，是店家從上游刻意流放的魚。一次付錢抓三條，員工便躲在河川上頭放香魚順流而下，數量算得剛剛好。

這件事情，回來以後跟我們家社長說了，他聽了以後大笑。話匣子一開，他又掉進了時光隧道。

「小時候，每到夏天，小孩子就會常泡在溪水裡，魚自然而然地在你腳邊游來游去。那時候，河川就是我們的游泳池。」

社長的老家在岐阜縣的鄉下，直到如今那裡仍是個風光明媚，沒有被都會化的地方。他說，現在日本幾乎每個小學都會有游泳池。可是那個年代，學校沒那麼高級。附近的溪水就是每年夏天，學生玩水和練習游泳的地方。只不過，日本的溪水多半湍急，事故也因此頻傳。

「印象中每一年總要不見一個小孩。暑假結束，老師或家長就會跟大家宣布，那個誰誰今年『也』被河童帶走了。長輩們說得低調，還是小孩子的我們，久而久之竟也覺得司空見慣。」

孩子不識愁滋味，也就不特別避諱。夏天一到，大家又還是往溪水裡跳。河童也沒在客氣地繼續把孩子帶走。直到某一年，他就讀的小學終於蓋了游泳池，河童的業績才一落千丈。

比起社長生長的鄉下來說，城市裡看似距離河川遙遠，但其實不然。至少東京，就是一座很容易遇見河川的都會。常常在幾個轉角，就能瞥見一段潺潺的流動。雖然大多時候只是一條水溝般大小的溪河。

在東京如果買房子，產權轉移時，一定會附上一張河川氾濫避難圖。原因正是東京有比你想像中存在著更多的河川。只是現在，它們都隱身起來了。

多年來因為填地的關係，原本密密麻麻，像掌紋一樣流向東京灣的小河川，都被掩蓋掉了。沒有消失的，則成了暗渠，如今還在地下流動著。

看不見了，唯有地名還留著線索。像是銀座附近有很多帶著「橋」字的地名，雖然現在找不到橋，但從前都有小川流過。或是像澀谷這樣帶著「谷」字的地勢深窪處，迄今仍有河道藏在大樓底下。

我住的地方也很靠近河川。從巷口走出去就是神田川。走過橫跨川上的石橋時，我偶爾會駐足於橋的中間，短短的幾秒鐘，想一些事情。

這一天，我想到那些其實存在卻不見天日的河川，也聯想到社長口中在溪水裡消失的孩子。

在眼見為憑的世界裡，他們只是隱身了，而非真的消逝。像是被流放的香魚，在千鈞一髮之際，逃過了被人捕抓的瞬間，終於游向一個再也不會毀壞的世界。

10

無人閱讀的電車風景

前幾天，我把在山手線電車裡拍到的一張照片秀給同事看，大家的臉上頓時都堆滿了烏雲。照片中，車廂裡一整排的人，無論坐站，非關年齡和性別，每個人的手上都是一台智慧型手機。大家專注看著螢幕，手指迅速滑動點擊著。

沒有一個人的手上，是拿著書的。

出版事務所裡看著照片的同事們，一方面為書市的凋零（也是為自己的將來）感到愁容滿面，一方面卻又露出一種了然於心的神情。最後，大家的註解就是：「果然如此。大家都不看書了。難怪書真是愈來愈難賣了。」

以前到日本玩時，最令台灣的出版從業人士或作家羨慕的城市風景，就是東京電車裡總有很多人在閱讀。不管電車再怎麼擁擠，許多乘客還是會握著一本小小的文庫本，在百無聊賴的通勤時間裡，藉著閱讀遁逃到另外一個世界。那些書，總是被包上不透明的書套，你永遠不知道你對面的正在看什麼。也許是一本殺人推理；也許是一場在你手上才剛發生，卻已終結在他手上的戀情。

日本地鐵裡收得到手機訊號，其實是近年的事。以前在PHS手機或折疊式手機年代，地下幾乎收不到訊號。在車上要發信給人，大家會在無訊號時先趕緊把訊息打好，等到車子靠站收到訊號時，就搶時間發出去。發完信，車開了就斷訊。那要做什麼呢？看書自然就變成睡覺以外，打發時間的好決定。

後來有一陣子，開始看見電車裡的人在打任天堂DS。看書的人已開始減少。那幾年，幾乎所有學生或年輕上班族都在通勤時玩DS。這一、兩年，要是還看到有人在玩DS的話，已是稀奇。手機APP已取代了遊戲機。

有另一些朋友看了我拍的那張電車照，判定說：「他們可能是在閱讀啊，只不過看的是手機裡的電子書吧。紙本書的電子化，百分百是未來的出版趨勢了。」

顯然是不太清楚出版窘況的發言。傻瓜，不看書就是不看書，沒可能因為書變成了電子版本就決定去閱讀。即使是日本這個閱讀大國，電子書市場也打不開，更何況台灣。手上握著一台智慧型手機，光是忙著上臉書發LINE滑網頁打電玩就夠了。一輪下來，電車也到站了。

最近在計畫明年去紐約旅行。朋友提醒我：「記住！不要在紐約地鐵裡玩iPhone！」說是連導遊書上都警告，紐約地鐵裡常發生iPhone搶案。特別是站在車門口的。在門快關起來時，常從月台上衝出一隻手，用力搶走你手機就跑。你還沒回神呢，門關了，車開動，iPhone早飛了。

謹遵教誨。我決定去明年重遊紐約時，也要重返那時候沒有iPhone，只有閱讀的地鐵時光。

而我忽然在想，這世界上會不會有一座城市，某一天，在地鐵裡搶的是人們手上閱讀的書呢？那樣的城市不知道該說是蠻橫或者文化了。要是真去到那樣的地方，我會在背包裡準備幾本詩集。站在車門邊，歡迎雅賊搶讀。

11
浴衣的誘惑

說起盛夏日本的風情印象，絕對不可缺少的畫面之一，肯定就是在夏日廟會祭典或花火大會上，總能見到許多年輕男女穿著浴衣碎步行走的模樣吧。別說外國人看了覺得很有氣氛，其實就連日本人也是跨越世代，直到現在仍對於穿起傳統浴衣的姿態，感到有一種充滿想像的，難以抗拒的浪漫魅力。按照山田君說的：「穿起浴衣，每個人都有機會變成帥哥美女。」

浴衣，或者更為正式的和服，是能讓日本人變身的裝扮。特別是女生的衣服，在款式花樣與裝飾上更為講究。雖然是傳統的服飾，如今即便是再怎麼新潮的日本年輕女生，仍喜歡穿起浴衣或和服的自己。

或許是成年禮、畢業典禮、結婚典禮等等的重要場合；或者是和好朋友一道在廟會攤位上吃喝玩樂，在某個夏日花火挽起情人的手，如此美好的回憶，浴衣對於日本女生來說，大約總帶著一點浪滿的憧憬，有些人生階段的想像。

別看作風總是很洋派的原田小姐，這些很女孩的心境，只要一穿上浴衣，她也是有的。每一年到了夏天，她就會回歸成和風小女人。我第一次跟一夥日本人去參加夏日廟會，看到穿著一身花色浴衣的原田時，差點以為是誰帶來的新朋友。不過，浴衣可以改變原田的外在跟動作（穿上浴衣很難有大動作），卻改變不了她向來大剌剌的言論。

原田說，日本男生都容易對穿上浴衣的女生動心。我以為男生應該更愛比基尼女孩才對，怎麼反而對包粽子一樣的穿著動感情呢？於是，原田與我分享，她整理了一套know-how，可謂日本女生浴衣守則。

例如，盤起頭髮來，露出平常不常看見的後頸，會很令男生有順著脖子往下探勘的遐想。還有穿浴衣時因為下襬狹窄，不好走路，再加上穿木屐，所以只能小碎步，這時候臀部的弧線，也令男生充滿想像。行動不便，跪坐下來起身時，重心會不穩。這時候，旁邊要是坐著喜歡的男生，可以很自然地請求：「不好意思，能夠拉我一把嗎？」浴衣便創造了身體的第一類接觸。總而言之，浴衣就是能夠在男生的面前，把女生的氣質突顯出來的利器。

「那麼穿浴衣的男生，又有什麼是會吸引妳們女生的呢？」我問。原田想也不想地回答我：「不就是為了等待自然而然鬆開，露出胸膛的那一刻嗎？」真是簡單卻誠實的告白。

真正盈滿餘韻的性感，無論男女，大概都不是在光溜溜的那一刻。而像是浴衣的誘惑，暗湧在若隱若現的曖昧之際。

12

夏天的風

台灣的夏天常給人一種過不完的感覺，像被迫看一齣令人坐立難安的連續劇，冗長到不知道什麼時候才會結束。

白晝熾熱的天候，動不動就失速衝破三十五度的氣溫，到了夜晚即使有風，也令肌膚感覺溽熱。台北盆地彷彿是被罩著蓋的鍋，火都熄了還繼續保溫。走在路上好容易就汗流浹背，整個城市都是我的三溫暖。

身邊的日本朋友們，常喜歡問我，要去台灣玩的話，哪一個季節最適合？我個人是認為十一月前後，但他們總想挑戰冬天和夏天。

想冬天去，因為他們總誤以為一、二月的台灣仍是溫暖的南國，殊不知我們冬天連坐在咖啡館裡都要穿羽絨外套；想夏天去，因為他們都覺得夏日就是遠遊玩耍的季節，芒果冰拚命吃，天氣愈熱愈好吃，但生在溫帶國家的他們，沒經歷過台北的夏天，真的不懂所謂的熱，可以熱到什麼程度。

這陣子，社長走進事務所時，常會邊走邊嚷嚷著：

「今天也好悶熱呀！」然後總愛重複地問我：「台灣夏天也跟東京一樣熱嗎？」

於是我就想出了開頭那兩段話來回覆他，做為我對台灣夏天的詮釋。

日本人實在不太耐熱。東京的氣溫才三十度而已，氣象預報就不斷地提醒大家，小心中暑。其實一整個夏天，東京真正讓人感到熱的天數，我覺得真沒幾天。況且常常太陽西下以後，熱氣就跟著散去。即使如此，你要是在白天三十二度的東京街頭遊走時，就能聽見周圍的路人，此起彼落地叫熱了。這種氣溫哪稱得上熱呢？台北要是夏天的氣溫也像這樣的話，行道樹都會鞠躬謝天了。

台灣已經進入夏天很久，日本到了七月下旬，才覺得夏天是真的來了。

日本氣象定義「夏日」的指標，是一天中的最高氣溫超過二十五度。而只要超過三十度，就達到所謂的「真夏」標準。

不過，我覺得大多數人對於「真夏」的感受，倒不是以氣溫做為分歧點，而是時間。日本學校的暑假，是從七月底才開始放的。在那之前大家還忙著期末考試，沒空想夏天的事。過了國定假期「海之日」以後，暑假近了，才逐漸濃郁起「真夏」的氣氛。許多公司行號在八月中上旬會放中元假期，算是暑休，大多數人會返鄉掃墓或出國玩（所以才有很多朋友問我八月去台灣玩好不好），不然就是參加花火大會、神社夏日祭典，或者跑一堆戶外的夏日音樂祭。整個七、八月，各式各樣的活動，讓人覺得在日本過夏天，生命好像變得很有希望。

這兩天走在回家的路上，風中夾雜著海水的味道。十幾年前，讀吉本芭娜娜的小說《鶇》時，看到主角走在銀座的晴海通上，說會嗅聞到海的氣味。那時我還不太熟悉東京的地理，也很少到銀座，無法體會。現在住的地方靠近這一帶了，才知道原來這裡距離東京灣是這麼的近。

不是每一天都會聞到鹹鹹的海風。遇到的時候，不知為何即使走在高樓大廈群中，亦會有種天高地闊的感受。

夏天的風，在東京的夜裡有時甚至是帶點涼意的。讓人錯覺才八月而已，夏天難道已快近尾聲？夏天走了，秋天到來，我的三十歲世代終將落幕。

我不自覺地放慢了腳步。

能不能，今年的夏天，也跟我一起放慢速度？

13
奧運夢

社長的心裡存在著兩個時鐘。一個屬於關西；一個屬於關東。

喜歡追溯歷史的他，每當跟我們這些公司裡的後輩聊起往事時，只要是關於發生在關東的事情，就習慣以一九六四東京奧運會做為標準；發生在關西的，則用一九七〇年大阪萬國博覽會前後為基準。

他的開場白經常會是：「以前從關西要到東京的交通啊，在東京奧運會之前……」、「日本家裡的彩色電視機普及率，自從東京奧運會舉辦後……」或是「在大阪萬博以前，還沒見過機場的那種自動步道……」

東京奧運舉辦的那一年，還在岐阜縣鄉下生活的社長不過才七歲而已。我偶爾懷疑今年五十六歲的他，回想起剛進小學的那一年，到底能留下多麼深的印象呢？社長口中許多一九六四年的重要細節，應該是他長大之後再補充回去的。不過，那時候嘉年華般的喜悅，即使到今天，閉起眼睛都還能依稀感覺得到吧。我想，這種「個人回憶」與「全球集體記憶」的完美結合，還非得要主辦過奧運會這種世界級的慶典才能辦到。

一九六四年的東京奧運，之所以令許多上一輩日本人津津樂道，是因為那場盛事大幅改變了之後的東京，甚至全日本。

我是一個喜歡知道某樣東西，在什麼時候出現的人。說是喜歡這種「豆知識」不如說我著迷物件背後的身世跟它的時間座標。每個東西，即使現在已經是習以為常的平凡，但背後總有一段故事。於是乎對日常生活中的萬物便興起了敬意；就像對任何一個人，都不應該小覷。

為了舉辦奧運會，東京大興土木，城市的進展突飛猛進。東京鐵塔在一九五八年落成。日本武道館開館。代代木公園落成。從羽田機場到市區的機場快線「MONORAIL」通車。緊接著在奧運開幕前十天，日本第一條新幹線（東京－名古屋－大阪）正式開通。這是世界上第一條商轉的高速鐵路，而台灣整整落後了四十三年。聯結都內鬧區的交通網「首都高速道路」開通。地下鐵多條路線啟用，伴隨著則是老舊的路面電車「都電」的廢止。如今只保留下唯一的一條「都電荒川線」。這一年，日本正式開放國人赴海外自由行旅遊；這一年，台灣尚未被迫退出聯合國，聖火還跑過了中華民國台北。

來過日本旅行，住過商務旅館或到訪過日本住家的人，應該都對一體成型的「UNI-BATH」塑鋼衛浴很有印象。規格化的衛浴尺寸，從浴缸、洗手台到馬桶，整套塞進房子裡。為了打造選手村而發明出來的衛浴系統，同樣誕生於這一年。

一向不擅長運動的我，也曾經風靡過運動賽事。一九八八年漢城奧運時我是小六生，不知道哪來的熱情，就會守著看開幕閉幕式、買奧運主題曲錄音帶、剪報，然後蒐集奧運吉祥物玩偶。一九九二年巴賽隆納奧運會時我已升上高中。那幾年是台灣職棒最風光的年代。我和班上同學們一起瘋過棒球比賽。夜自習時，一支耳朵塞著耳機，用手遮掩著偷聽賽事轉播。我們都迷過郭李建夫，他率領中華台北隊，在巴賽隆納奧運會的棒球賽上打敗日本，奪下銀牌。十年前，去巴賽隆納旅遊時，這座城市對我的另外一個意義就是，我曾迷過這一年的奧運。

啊，真是的。不知不覺，我也和社長成了同一陣線的人了。

宣布東京再次主辦奧運會的那一天，新聞的「號外報」一早就主動投進了大樓信箱。一整天，大街小巷的話題都是二〇二〇東京奧運。

走進咖啡館裡，坐進了角落的位子。啜飲起咖啡時，恰好聽見兩個上了年紀，大概七十多歲的夫婦，背對著我，正和吧台裡的老闆娘聊起奧運。看著滿頭華髮的他們，我猜想一九六四年東京奧運那一年，他們大約還是二十歲的年輕人吧。也許剛進大學就迎接了這場青春盛會；也許曾和社團同學們一道去慶祝過開幕式；也許就在同一個會場裡，他們認識了。

「還有好多年哪，不知道看得到嗎？哈哈哈！」老先生爽朗的笑聲，伴隨著咖啡香與蒸餾的煙霧飄散在咖啡館裡。老闆娘瞇著眼笑起來說：「所以我們都要保持『元氣』才行哪！為了再看一次奧運！」

一九六四年的盛會，我來不及趕上。二〇二〇年的我，會繼續在這座城市生活著，迎接奧運夢的實現嗎？那時候，我會和誰一起讚歎開幕式的精采呢？

親愛的朋友，摯愛的家人，我也想要有一天，一起回顧著往事時，我們可以不經意地說出：「二〇二〇東京奧運那時候啊，我們在東京……」

14
心中的寒流

今年秋天，台灣跟日本的溫差似乎特別大。領著社長和業務部門的同事來到台北出差的第一天，在32度高溫下堅持穿著全副西裝（包括外套）的大家，在街上沒走幾步路就已汗流浹背。好不容易走進捷運站，總算降溫。在月台上等車時，日本同事們抬頭望著上方的橫幅廣告。是日本美妝品「肌研極潤」的大海報。

「好親切啊！」才來台灣兩次的業務部同事，對於在台灣能夠輕而易舉地見到日本產品的身影，總說很親切。社長在旁，補上一句：「日本產品這麼受到台灣人愛戴，真是由衷感謝。」接著，同事指著廣告問：「是當紅的台灣女星嗎？還是我不認識的日本人？」

我搖搖頭說：「都不是。是韓國人，在台灣很紅的全智賢。」

日本同事們的臉上，忽然閃過一抹微妙的表情。想想也是。日本產品卻找來韓國明星代言，不用多解釋，就知道現在韓流在台灣的力道。

捷運抵達目的地，搭電扶梯上樓時，牆上的廣告是韓國美食文化節。走進世貿一館的旅展會場，最醒目的攤位是首爾旅行。工作完去吃飯，發現巷子裡多了不少韓國料理。前輩經過咖啡館時說不如去喝個東西吧，一走進大門，入口迎來的是都教授人形立牌。

工作結束後的翌日午後，我帶日本同事們去淡水。老街賣雜貨土產的商店吸引住同事的目光，連去幾間，店裡都湊巧先後放起同一首歌。同事問：「這首台灣舞曲感覺很紅？」我尷尬地說：「是韓團BIGBANG的歌。」

日本和韓國近幾年關係很不好。十年前在日本興起的韓流，近來因政治因素導致主流傳媒都被要求停播韓劇，避開找韓國歌手上節目。民間缺乏交流，保守勢力的興起，加上媒體與網路鄉民的選擇性發言，讓兩地的誤會與對立漸深。

新宿最熱鬧的新大久保韓國街，這兩年店倒了不少。本來高朋滿座的韓國餐廳，最近連週末都冷冷清清。出版社感受更明顯。首爾的旅遊書銷量急遽下滑，取而代之的是台北導遊書賣得超好。

在東京看見韓流的退潮，來到台北卻感受韓流正旺，看在日本人的眼裡，很是百味雜陳。

坐進淡水的茶店休息時，我的日本前輩和同事們有點感概地說：「日本不加油不行哪！至少希望日劇能不被韓劇打敗呀。」

台灣人的韓流，原來是日本人心中的寒流。

我笑著回應：「好好加油喲！」偶爾請日本人睜一隻眼閉一隻眼吧。不要什麼一傳到YouTube上，一小時後就被刪掉。雖然我們都知道版權問題的重要性，但韓劇、韓綜和韓星就是在這空隙中入侵海外的。

但其實不必太擔心啦。畢竟喜歡日本的台灣人，還是遠遠超過喜歡韓國的。愛去日本玩，玩過還會想再去的台灣人，總和也比愛去韓國玩的人多。

不過，這些話我都沒有說出口。因為忽然想起，曾經不巧聽過有日本人無意間透露出來「台灣市場很好操作」，以為不必花太大力氣，台灣人就會愛上日本的自大心態。

讓日本人帶點危機意識，也不是壞事。要知道，所有的愛，皆不應該被視為理所當然。想要持久地被愛，就應該付出同等的愛。

15

出差的獲得

因為公司業務之故，去年一整年常在日本各地出差。出差會遇到很多突發的狀況，也會面對到不少阻礙工作流暢度的對象。

我身邊有朋友很難消化這樣的情緒，頗有怨言，但我從來沒有。不是我比較高尚，而是我常覺得那些怪裡怪氣的人事，不用你去發掘，就平白無故地自動出現在你面前，實在是太難得的寫作素材了。所以怎麼忍心去抱怨呢？豐富了我創作靈感，應該是要感謝都還來不及呢。

想起曾經去某購物中心的一間鐘錶店採訪。公關部特別挑選出這間店，目的是希望對台灣遊客宣傳，增加業績。於是在事先取得採訪的同意下就去了。當我和同事在店裡看了一圈，決定好哪些東西介紹出來對讀者有興趣，並也能為這間店加分以後，攝影師便準備開始拍照。沒想到，店長卻阻止了。我不解地問為什麼？店長說：「擔心會扯上手錶版權問題。」可是介紹鐘錶店不拍鐘錶，那要拍什麼呢？最後只允許遠遠地拍沒有手錶特寫的店家空景。

又一回，在另一間知名的服裝店採訪。還沒拍攝前，店長就說：「店裡的模特兒不能拍到。」這也令我費解了。因為如果要完整呈現店鋪氣氛，拍全景怎可能不拍到隨處擺放的模特兒呢？店長回答：「這是總部的指令。以前曾有顧客看到網路介紹，拿著照片指名要買，可是衣服已經過季或賣光了，造成雙方很大的困擾。」我聽了反問：「可是，你們不是也會在雜誌上刊登當季廣告嗎？難道顧客就不會拿雜誌來買？而模特兒不能拍，但同樣一件衣服放在平台或衣架上就可以拍，差別在哪裡？擔心的問題不也是一樣會有嗎？」總是直線思考的日本店長被我這麼一問，整個傻眼：「這是上面的指令……」看他聲音都顫抖了，我只好不再苦苦相逼。我只是奇怪，如果這麼有顧忌的話，又何必答應採訪呢？搞得好像購物中心的公關請我們來幫忙採訪介紹，卻像是來找店家的麻煩似的。

還遇過一間在中型城市裡的商場公關，在採訪後進到一間咖啡館裡談後續事宜，談到最後他竟向我抱怨自家公司形象太土，總是招不到好的品牌進駐。接著又傾訴，過去他在東京的傳媒業工作，公司規模大，多麼呼風喚雨的前朝舊事。

這完全顛覆了我總以為日本人，不會在工作上參雜私人情緒的印象。況且，我們還是初見面的陌生人呢。

離開咖啡館結賬時，他堅持付賬。結果現金不夠，只好刷卡。回過身，他忽然攤開他的皮夾給我看，裡面塞了一整疊厚厚的美鈔。

我好奇地問他：「剛換了錢準備去美國？」他搖頭說：「幾年前去時用剩的錢。我一直放在皮夾裡。你知道這種感覺嗎？感覺真好。」我點頭微笑，頭上卻飛過一群烏鴉。心想，這真的病得不輕。「感覺好」放一兩張也就夠了吧？每天塞了起碼有一公分厚度的幾十張美鈔，卻沒有一張日幣，您到底是活在哪裡啊？

四處出差跟旅行完全不同，雖然工作加倍又舟車勞頓，但每每遇到這些奇人異事，就覺得這也不失為是一種獲得了。

16 訪談之間

還未走進咖啡館，便在入口嗅到一股濃烈的香水。準備推開咖啡館大門的我，不得不停下腳步，駐足回首。

一個妝髮得宜的中年女人，一手拿著行事曆，一手握著手機，在門前來回踱步。刻意提高說話的音調，操著一口官腔的漂亮日語，她的眼神專注地落在空氣中的某一個凝視點，微笑維持在固定的弧度。如果抽掉她手上的電話，把行事曆換成劇本，我想我一點也不懷疑，她是在練習一齣舞台表演。

帶著準備受訪的日本女插畫家，走進這間咖啡館。我向員工說明了今天和貴公司的公關，約定好了店家的採訪行程後，不一會兒，員工示意我，公關已經抵達。我一轉身，迎來一個有禮卻僵硬的制式笑容。原來，就是剛才在門外的那個女人。

女人像是歡迎賓客到訪自己豪宅似的，立刻與我和受訪者握手。

「太好了！兩位能選擇到我們的店家裡做採訪，榮幸至極。」她轉向我身旁的插畫家說：「我特別看了妳的網頁，妳的插畫完全觸動了我。沒想到見到本人，是那麼的完美。而張先生來自台灣，那裡真的太棒了！我們以後一定要多多交流，兩位的背景那麼讚，能夠在這麼優雅浪漫的咖啡館裡，認識你們兩位，真是太完美了。Suteki！Suteki！（完美！完美！）」

棒在哪裡？完美在何處？其實是為了稱讚自家咖啡館吧。

她的聲音比方才講電話時，更細更高，配合著偶爾忘情起來，忍不住就在空中舞動比畫的手。我真的以為我在看一齣舞台劇了。

我和插畫家兩個人忍不住交換眼神，面面相覷。沒有開口，但了然於心。都屬於內斂個性的我們，對於誇張的吹捧，畢竟是覺得交淺言深了。

若是站在公關職位的角度來看，她此刻的態度該算是稱職的。但事實上，幾天前，就在敲定採訪的聯絡電話中，她才像個女教官似的，一條條質問，要我立刻回答能做到或者不能，確保全都合格了才答應。有幾次沒聽清楚她的日文，請她重複一次，便聽見她在電話另一端吐氣，再開口時，變成英文。

「還是我說英文你比較聽得懂？」

這時候我若覺得她這番話好貼心，那麼我肯定有受虐的傾向。

雖然我和插畫家早已有了默契，知道該怎麼進行我們要的一篇訪談，但咖啡館的公關，卻「熱心」給予各種意見。每一張我拍完的照片，她都要確認。並不是確認有沒有拍到不想入鏡的客人，而是干涉拍攝的角度，甚至連插畫家的坐姿，該不該穿外套，該怎麼笑，都下達指令。

女人忽然間從舞台劇的演員，搖身一變，成為了導演。

這些年來，我採訪過許多日本領域的知名公司、藝術家甚至藝人，倒是第一次遇見這樣的行銷公關。她忘了公關的角色，是藉由媒體曝光向人傳遞公司的訊息，搞得自己像是個大明星的經紀人，而其實只不過是間轉角咖啡館罷了。

整場採訪，令人神經緊繃，萬分疲憊。最後，在拍完最後一張照片，她湊過來看完相機螢幕的預覽後，再次稱讚我的拍攝技術和受訪者神情非常「Suteki」。雖然，那全是她的意見。

終於，我忍不住回敬了她：「之所以能夠呈現出如此美好的畫面，都是因為您在身旁。少了您，這場採訪真的做不成啊。」

她愣了一下，接著整個人都心花怒放了起來。看見她露出一臉開心的表情，我卻有點感傷了。

說到底，那有什麼難的呢？在日本住久了，學會某些日本人擅於說出禮節繁複，華麗卻空洞的恭維日語，我不是做不到，只是要不要。

終於把整個採訪專題脫手之後，年也就不知不覺地跨過了。

新年假期的某個夜裡，我穿過住家附近的商店街。在寒冬的空氣中，整條歇業中的商店街，有如真空般的安靜，格外冷清。

忽然間聽到一陣細微的吉他聲，才發現不遠處的某一間店，透出了亮晃晃的燈光。走近了，看到是店家的主人和朋友在店裡辦起火鍋聚會。其中一個男孩，不知為何竟在坐店門口抱起吉他彈奏。他輕輕地撥弄和弦，幾個單音，流淌到街上，劃破了靜謐的夜。

佇立著看了一會兒，他抬起頭注意到我，點點頭，又繼續彈奏。

我想，許多時候，語言和文字真的都淪為多餘的包裝了。所幸我還能夠辨識出包裝紙下的真偽。

就這樣，短短的幾秒鐘，沒有訪談，不需恭維。我的想像，他的音符，默默地完成了真夜中的另一篇。

17
重返黑膠年代

做夢也沒想過，家裡會有再出現黑膠唱盤的這一天。

前陣子，我佛心來的買下一台黑膠唱片機。這個從我小學一年級後，就從生活中退場的東西，三十年來一次也沒再碰過，居然此刻在我的客廳中強勢回歸。

唱片朝著順時針的方向緩緩旋轉起來，輕輕放下唱針。樂曲在開始之前，音響總會先傳來噗滋噗滋的摩擦聲。可不是錄音室模擬出來的數位音效哪，雖然音質不如CD或數位檔案清澈，卻多了一股腳踏實地的感覺。我盯著唱針在唱片刻度上滑行，緩緩地向圓心靠近。對於黑膠記憶早已沒有什麼印象的我來說，與其說懷舊之情，不如說是飽滿著新奇感。

「一根針在塑膠片上刻畫，就能跑出音樂來，很厲害呀！」我內心的讚歎，倘若被上一輩的人聽到了，肯定要笑掉大牙。

記憶中老家的黑膠唱盤，在我小學一年級時正式丟棄，換成播放錄音帶的音響。如今想來真可惜。但當時有誰會在乎呢？舊的時代快結束了，慢了，還恨不得它推一把。誰都想跨進更文明的未來。

「買了黑膠唱機以後，覺得怎麼樣？」朋友好奇地問我。我給了一個不在意料中的答案：「看見房間裡有一個東西在動著，居然感覺生意盎然了起來。」

我突然間意識到，生活中什麼東西都被藏在銀幕後面了。電話沒有按鍵，家裡沒有CD音響，要聽要看的音樂、相片、電影DVD、報章雜誌等等，一件件變成了數位檔案。空間確實因為不必收納雜物而變得俐落簡潔，但是也同時陷入一種萬物靜止不動的狀態。

買了黑膠唱機，我開始踏進東京的中古黑膠唱片行。那是一個我未知的新世界。原來日本還有一大批黑膠唱片的擁護者，因此在東京想買黑膠唱機或唱片，都不是難事。這些黑膠唱片行裡，有一股二手書店的氛圍。空氣中飄散著淡淡的舊書紙頁味，可能是來自於唱片的硬紙封套。鼻子容易過敏的我，第一次踏進黑膠唱片行時，打了個噴嚏。每一張唱片雖然都重新包上新的塑膠套，仍裹不住時間的氣味。

別以為來買唱片的全是上個世紀的人，店裡大半都還是學生。好奇東京的文青是什麼模樣嗎？黑膠唱片行裡蒐集了不少。大概就像手動膠卷相機在台灣的文青界，突然間絕地大復活一樣，日本有一群擁護黑膠的文青則認為，黑膠唱片放出來的聲音較為溫暖且醇厚。

在黑膠唱片為主流的年代，東京已是大都會，接收到國外的音樂類型和發行的唱片種類，也遠遠超過台灣的黑膠年代。因此，許多喜歡聽音樂的日本年輕人，喜歡黑膠的另一個原因，是樂於從這些留下來的中古唱片，像挖寶一樣地去發掘在未知的年代裡，錯過的有趣音樂。

至於來逛黑膠唱片（音樂涵養不夠）的我，其實常常分心。唱片翻啊看著，偶爾忍不住花在看人的時間還比較多。

比如有間店裡，我拿著唱片去櫃檯時，一個蓄著鬍子的年輕男店員，從頭倒尾低著頭，在頭髮蓋住耳朵和眼睛的狀態中，完成了結賬工作。遇過這麼沒禮貌的日本店員嗎？不不不，事實上，他非常有禮貌。每一句話，都精神飽滿又不失溫柔的語調。收錢與遞交商品的應對進退也很到位。一切都很好，就是眼睛跟耳朵迷了路而已。

在另外一間店裡，我剛踏進去，就聽見啪啪啪的聲響。什麼怪聲？仔細一瞧，原來是有個人戴著耳機，面無表情地把每一張唱片以平均半秒鐘的速度，從箱子中拉上來又放下。除非是碰到有興趣的唱片時，才會停住。否則就是繼續進行著半秒一張的收放神功。看到這一幕，我真是吃驚了。躲在角落裡默默觀察一番，當他終於去結賬時，差點鼓掌。他該去報名金氏世界紀錄才對。

前幾天，我的朋友也買了黑膠唱片機。逛電器行時，他看見藍光片播放器，說家裡沒有DVD的他，也考慮買一台畫質清晰的藍光機，問我意見如何？我回答他，現在電影都在iTunes上租檔案來看，HD畫質跟藍光差不多，對我來說沒必要。最後補充道：「就連家裡的ＤＶＤ播放機都很少用了。」

「不如你不用的ＤＶＤ給我，我就不用買藍光機了。」朋友說。

我想了想，開玩笑地回答他：「那可不行，我得留著。說不定哪一天，大家忽然又捨數位高畫質，復古起來，覺得ＤＶＤ畫面的粗粒子才有人文感呢。」

話說完的那一刻，我覺得五光十色的潮流東京，骨子裡到底還是禪居著一個懷舊的靈魂。

18 按下去的剎那

日本的販賣機數量繁多，賣的商品類型廣泛，大概世界上沒有有另外一個國家能夠媲美。對於外國人來說，街頭販賣機所具備的日本風情，絕對不亞於淺草寺或澀谷十字路口。

以前來東京觀光，在機場等候利木津巴士時，一定要先在販賣機前投一罐飲料才行。看見目不暇給的商品，光是這樣就已經夠有異國風情。按下去的剎那，總會升起一股「沒錯！現在正在日本」的踏實感。

前陣子幾個大車站裡，出現了號稱次世代的販賣機。販賣機有個功能，宣稱你只要站在觸碰螢幕前，攝影機會針對你的外形，推薦給你適合的飲料。不過這一時興起的新聞話題，最後只有台港遊客最為熱中。因為它動作有點慢，沒幾個東京人有耐性。

除了飲料販賣機以外，還有零嘴、麵包、水果、菸酒，甚至是現炸薯條的販賣機。食物以外，報紙、日誌和雨傘販賣機也曾見過。

很多台灣人都愛日本食堂或拉麵店裡的「食券機」。

按鈕上多半有食物的圖案，對許多第一次來訪日本，語言不通的遊客來說，簡直是救世主。

台北有間日式食堂特別引進食券機。有趣的是，店員還是會先帶位並給你看菜單，然後再刻意走到店門前投幣，跟日本的順序完全相反。

最近有些食券機恐有走火入魔的趨勢。例如松屋牛丼店的食券機，搞得愈來愈複雜。好不容易在二、三十個按鈕群中，找到剛剛在店外海報上看到想吃的東西後，接下來還要面對套餐組合的決定。有時候遇到促銷，還會在周圍貼上各種說明指標，很有香港茶餐廳的況味。

我覺得日本最棒的販賣機，是ＪＲ車站的車票販售加值機。比起台灣高鐵和捷運的售票機來說，完全是瘦身成功的典範。紙鈔可以同時塞進好幾張；找錢紙鈔和零錢一起給，不會給你一堆銅板；買兩張以上的車票，出票時是一起給；還可以預購長途車票。最令人讚賞的是，動作反應非常靈敏。還有，機器很有教養，安安靜靜的，不會大聲喧譁指使你每個步驟。

前陣子我家隔壁在蓋房子，大概為了照顧工人，忽然間多出好幾台販賣機。

一開始覺得販賣機在晚上好刺眼，原本抬頭即可見到繁星的，因為光害都很難見到了。但習慣了以後，倒也覺得挺方便。而且賣的飲料還特別便宜。

後來房子蓋好了，販賣機搬走，只留下一台。星星又能見到了，卻感覺周圍暗沉了許多。遠遠地從巷口走近公寓時，原本明亮得好像有誰總是不畏風雨地守候著，如今一切又回到什麼也沒發生的原點。

站在唯一剩下的販賣機前買了汽水。飲料掉下來時發出「砰」的巨響，在寂靜的深夜，擴大得如一場轟然的爆炸。不知怎麼，好似覺得炸進了心底，某一片誤闖了卻找不到出口的神祕場域。

19
複合式拉客

坦白說我挺佩服在新宿街頭拉客的日本男生。雖然他們真的有點煩。

不管是哪一家居酒屋，他們總是有著跨越藩籬的共通性。這些在街頭拉客的店員，頭髮通常是染成金褐色的，皮膚曬得黝黑，彷彿下午才在湘南海岸衝浪，晚上就趕回新宿打工。標準配備是褲子上會圍上一條印有該餐廳的圍裙，裡面塞滿了宣傳單，手上拿著寫著優惠價格的看板，在不停地大聲喊叫拉客中，不斷用小蜜蜂無線電與店裡的員工聯繫，確定空位和人數，好引領客人去哪一間分店。

這些人的目光永遠非常銳利，每一個路過的客人都是不可放過的獵物。究竟是一張已經吃飽的臉？還是渙散的眼神，透露出飢腸轆轆的渴望與彷徨呢？可沒有時間猶疑。必須鎖定好目標且精準判斷，立刻出手。因為稍有疏失，到手的獵物就會被其他店家的人給奪走。

這種工作非得眼觀八方，不怕丟臉跟被人嫌，讓我感覺很厲害，但同時又覺得有點煩。因為他們會死纏爛打跟著你。

你以為要講究禮貌，稍微回應一下「謝謝不用，今天不上居酒屋」那就糟糕了。他們會跟著你走，喋喋不休。像是一台複合式的多功能事務機，你說你不去居酒屋，他們馬上翻出手上的檔案夾推薦你西餐。吃飽了？OK！介紹你一間現打八折的甜點咖啡店。甜點咖啡也不要？馬上從身上抽出另外一張宣傳單，「要不要唱KTV？馬上可以帶位。」

新宿東口匯集著非常多居酒屋和餐館的區域，這樣的場面是恆常的風景。因為大部分居酒屋都不在一樓，不派人拉客，客人一定只會去最容易走到的餐廳。

然而，這情況在最近卻有了改變。

那天夜裡，我忽然看見許多拿著指揮棒，穿著印有「居酒屋的拉客請注意！會後悔的喔」字樣衣服的人，出現在平常拉客拉得很瘋狂的街上。原來，他們是在警告拉客的店員。據說九月以後，新宿區就要頒布「禁止拉客條例」了。於是，這些警告人士的現身，讓平常拉客的店員就只能傻傻地站在原地，等客人經過身旁時才能行動。如果客人沒興趣，他們也不能跟著客人遊說。

不過，這樣一來，在同一條街上誰站在最前面，不就取得先機了嗎？於是，大概是商量好了，每間店的店員只好一律平等地站成一條線，看客人剛好從誰的身旁走過，就是誰的運氣。可真是講江湖道義哪。

看著這些過去生龍活虎，如今綁手綁腳的複合式拉客店員，竟覺得既滑稽又擔心。事務機少了一項功能，還有其存在的價值嗎？好不容易練就一身拉客工夫的他們，今後豈不是前功盡棄？不過所謂道高一尺魔高一丈，這檔武林大會肯定將激發這些拉客的潛能，展開突破重圍的嶄新劇情。

20
超商哪一派

正當台灣的超商如火如荼進行著霜淇淋的交鋒戰時，日本的超商也進入競爭白熱化的新階段。它們競爭的是現磨咖啡。說到這不免就驕傲起來了吧？台灣的超商好幾年前早就開始賣現磨咖啡了，但日本卻是這一年多才有的事。

因為日本超商的咖啡競爭，重新劃分了日本的咖啡商機地圖。以前若想用最便宜的價格喝杯咖啡，就是買超商或販賣機裡一罐大約日幣一百三十圓左右的罐裝咖啡吧。不過，對我來說，罐裝咖啡看似種類繁多，喝起來卻幾乎都同一個味。咖啡香不足，甜味又太重。

職場附近若有麥當勞的上班族，很多人會選擇麥當勞。日本麥當勞賣的咖啡，口感比台灣的好一點，價錢也比罐裝咖啡便宜，只是品質會因店家而異。有時太稀薄，有時放著保溫太久盡是濃焦味。

相較之下，超商一杯只要日幣一百圓的現磨咖啡，對日本的物價來說，簡直像是天天都過折扣週年慶。況且有熱有冰，品質也夠穩定。到超商買咖啡進公司，對台灣人來說已不稀奇，卻是最近東京職場的新風景。

日本人很喜歡用「派」（派別）這個字，表現自己屬於哪一類型的支持者。因為超商賣咖啡這件事，我也捲入了在日本同事和朋友之間，關於你是哪一個超商派別的話題。東京的超商主要由7-11（小七）、全家和LAWSON三家瓜分市場。公司附近恰好三家都有，於是社內就分成這三大派的支持者。覺得自己喜歡的超商賣的現磨咖啡比較好喝，每個人都能講出一番道理。

要天秤座回答出「最愛」是什麼的單一答案，從來都是件苦差事。因為不同的標準下，我們總有迥異的答案。所幸公司裡也有少數幾個人是跟我一樣的，讓我覺得不孤單。面對不同的商品，我們會（自認為）理性地歸納出應該去哪間超商買，才是正確選擇。

例如現磨咖啡，基本上我會選擇小七。但小七並無賣拿鐵，所以若要喝冰熱拿鐵時，就去全家。LAWSON的強項，在咖啡之外的現做飲料。像是最近推出的伯爵冰奶茶就是箇中強者。

順便一提其他熟食產品。便當、飯糰跟熟食料理，我是小七派。現炸可樂餅和小雞塊，我是LAWSON派；但辣味雞排類，則變成全家派。至於甜品的部分，LAWSON和小七是絕對是大勝出；全家雖然略遜一籌，卻因為獨家銷售無印良品，故想就近吃到無印的點心，就取得全面勝利了。特別值得一提的是，唯有LAWSON的甜點冷藏櫃，會在不同都道府縣的店家，進當地才有的地方甜品，這是小七和全家都比較少見的行銷手法。

常有台灣朋友問我哪一家日本超商最好，上述的派別分類或許可以給大家一個參考。至於我的日本朋友當中，也有人是以對店員喜好度來做為超商的派別，像是全家的店員制服讓男生看起來比較帥，LAWSON的制服讓女生看起來比較溫柔之類的，這些全然只是宅男宅女的個人發夢，縱使不足採信，但也在此一併奉上好了。下次來日本，看看自己是超商的哪一派吧！祝大家逛超商愉快。

21

速食店的激戰

不知道有多少旅人特地來到日本玩了，還會想進速食店吃炸雞漢堡的？大概很少。但是有些日系速食店，還是很推薦的。如果你不是特別堅持，到了日本就只願意吃血統純正的日本料理，並拒絕一切洋食的話。

日系速食店總是多了一種纖細感。明明賣的同樣是漢堡炸雞，但從店面到食物，東西就是比較細緻。

我最喜歡的日系速食店是Freshness Burger（鮮堡）這間店。從店面裝潢設計看來，飄散著一股懷舊的美國風情，其實是一九九二年從澀谷起源的純正日系速食店。大部分的速食店都喜歡開在車站前，不過鮮堡卻愛開在小巷弄之間。這麼低調行事，因此雖然在日本也有一百七十多間分店，但總感覺很少見到。

喜歡鮮堡，首要的就是因為覺得好吃。特別愛這間店的漢堡皮。外皮光滑，底皮烤得香酥的麵包，還帶著淡淡的奶油香。夾層的蔬菜也總是給得大方。為了照顧到素食朋友，這裡也提供豆腐排漢堡。感覺貼心的是熱咖啡永遠都有兩款咖啡豆的選擇。一種是口感濃郁的，另一種則較為清淡。唯一的問題是店裡雖然有分吸菸區，但只分區而並無隔間，怕菸味的人可能要挑好位子。

另一間喜歡的日系速食店就是日本摩斯了。餐點一樣好吃（但還是要說鮮堡的漢堡皮更優），勝出的部分是甜點。美國速食店總把甜點當副產品對待，摩斯對甜點的設計總不馬虎，且讓人感覺精益求精。除了特設店鋪（MOS Cafe）會賣如杯子蛋糕等特別的甜點外，一般店鋪還會有季節限定甜點，強調甜點不是中央廚房的物流配送，而在該店製作完成。聽說近日有不少人對台灣摩斯的清潔度、服務與口感很是失望，那麼請別忘到日本來複習一下，那些美好時光。

相較於日系速食店，美式血統的麥當勞，這些年在日本可說是運氣極背。去年被爆出雞塊用了中國過期的雞肉，業績一個月就掉了25％之多。結果新年度還不到一個月，又爆出有食物摻雜異物。

但最關鍵的，還是他們的漢堡真的不如人。招牌的吉士漢堡或麥香魚還行，可每次大作廣告的期間限定漢堡，像是櫻花漢堡啦中秋月見漢堡等等，給了一兩次機會，卻常常在咬下一口就驚歎：「怎麼能做出這麼難吃的漢堡？」簡直像一種懲罰，對我這種太容易被廣告煽動的消費者。

自從便利商店開始賣起現炸雞塊以後，日本速食店就陷入苦戰。麥當勞的雞塊比不上肯德基，連便利商店的都比它好吃，而漢堡跟甜品又受到日系速食店的夾攻。定位搖擺，再加上日本人很敏感的食安問題，業績一蹶不振。這三、四年來，已倒閉了超過一百三十間店面。

每次經過麥當勞門口看見麥當勞叔叔，不知道為何都覺得他在強顏歡笑。好像他曾經很融入這裡，有一天卻發現還是太過勉強。很多人不理他了；很多人給他方向走。他都迷惘了，只能傻傻笑著，佇立原地。

或許是患上思鄉病而亂了陣腳，四十多年後，終於想家了。

22

咖啡館的書架

前陣子回台北時，去了幾間新開的餐館。其中一間是在信義區的泰式餐廳。餐廳裝潢得不錯，牆壁嵌了一面書架，我注意到上面擺的書。在幾本英文書裡，夾雜了兩本紅皮精裝，書背著燙金字的《西遊記》和《三國演義》。我好奇，為什麼會是這兩本書呢？那頓午餐，我在意的程度，不輸給月亮蝦餅炸得好不好吃。

另外一間餐廳在西門町。某間知名的飯店業者進駐了一棟舊大樓，改裝幾層樓，變成時尚的餐館、酒吧和旅店。在網頁上看介紹時，被餐廳裡美麗的空間設計及造型特殊，且具有穿透感的大書架給吸引，彷彿一點也不輸給我在新宿常去的飲食空間。到了現場，空間依然是好的，只是站在書架前，心卻涼了一半。我知道，這書架不是真的要給人看書的。

許多咖啡館都喜歡在店裡弄個書架，放上幾本雜誌或書籍，因為覺得咖啡跟閱讀脫離不了關係。

這些在咖啡館裡放書的老闆們，有一種是本身就愛閱讀的，所以帶著一股分享的心，期望來到咖啡館的客人也能共享閱讀的喜悅。而另外一種則是本身並不閱讀，但是肯定書的崇高地位，於是抱著一種增加氣質的想法，決定在咖啡館的書架裡擺上一些書。

只要站在書架前，很快地看一看書架上擺的書籍，立刻就能打出原形。例如，咖啡館書架上擺的書，要是經過分類擺放的，無論是按照作者、出版社或類型，總之是有個規則的，那麼我想即使咖啡館老闆不是狂愛閱讀，但至少是個會善待書本的人。反之，如果書籍的擺放雜亂無章，而且被放在一起的書，每一本的文類和主題都落差得極大，那麼書架放書的意義對於老闆而言，可能跟捷運廁所裡牆上掛很醜的塑膠花是一樣的。

然而，並非所有書架上有規則可循的咖啡館，都代表老闆是真愛書的。因為他可能只是整套拿來，就這樣原封不動地擺上去，內容並沒有讀過。

朋友問我，那該如何分辨真愛書或假愛書呢？很抱歉，因為不認識老闆，實在也不好以偏概全，隨便判定。不過，要是發現書架上竟然擺有整套喬伊斯的《尤里西斯》，而且有一半的書是新得不得了的原文書時，那麼十之八九，這書架只是個裝飾品。

這當然是玩笑話。基本上，我並不覺得咖啡館裡擺的書，一定要是什麼書、誰的書，才能顯得咖啡館有氣質。全部是文史哲的大部頭書也好，全擺漫畫也好，甚至全是羅曼史小說也無妨，最重要的，我在意的是這間咖啡館的書架，有沒有一種「立場」和「態度」。

我在東京的咖啡館裡，很少有機會看到毫無章法的書架。多半是站在書架前，你就能馬上知道這間咖啡館，希望提供給客人一個怎麼樣的咖啡空間。

有些咖啡館的書多是偏重設計類，有些是旅行，有些是電影音樂，有些則是性別議題。世界上有那麼多的書，為什麼在你的咖啡館書架上，偏偏要放上這些書呢？在我看來，這比店家招牌設計得美醜與否更為重要。

書架上透露出來的藏書主題，可以說就是這間咖啡館的立場，同時也代表了經營者的態度。畢竟，咖啡館煮的咖啡好喝，本來就是應該的。既然我不是選擇外帶，而是決定坐下來，而你恰好又擺上一個書架時，就不應該讓我覺得你浪費了書架存在於這個空間裡的意義。

如果真的不懂書，但又希望咖啡館裡有個像樣的書架時，不如交給專業人士來打理。因此，在日本出現了像是幅允孝這樣的「選書人」（Book Director），這些人多半有著豐富的編輯工作經驗，或本身是作家又或者對某一種領域有著專長，交由他們來為咖啡館或主題書店，規劃出符合該店特質和經營者希望的書架。

咖啡館裡的書架是室內設計的一部分，書架上擺的書也是。其實用不著花費多大的力氣去做漂亮的網站，也不用多少空虛華麗的形容去宣傳店家的概念，只要一個有態度、有立場的書架，就能默默昭示一切。

否則，不如拆了書架，讓牆壁空白吧。如此一來，還能讓我在咖啡香裡，對著那面牆，做一點天馬行空的想像。

23

雜誌特集化的書店趨勢

有樂町的無印良品旗艦店改裝開幕了。事先收到邀請函，在正式開幕的前一天，我和幾個同樣從事出版的作家和編輯朋友早一步進去參觀。我們這群人最關心的是已先在福岡牛刀小試的MUJI BOOKS，終於正式進駐了有樂町店。

一踏進改裝後的新店中，目光就立即鎖定書店專區。打掉了原本兩層樓的店中屋（無印良品的建築室內樣品屋），取而代之的是邀請建築團隊Atelier Bow-Wow為有樂町店打造出從一樓橫跨到三樓的書店專區。木質的書架，充滿流線型的擺設，隨著人在店中的行走動線而向前、向上延伸。書架的排列時而圓弧，時而直線，甚至弓起一座高聳的書之拱門。Atelier Bow-Wow把這樣的陳列設計，稱之為「龍的書架」。遠遠望去，確實有如一條中國龍的骨架盤踞在店內空間。

逛MUJI BOOKS時我覺得最有趣的，倒不是無印涉足的範圍愈來愈廣，現在竟然又開書店這件事。而是從MUJI BOOKS的書籍陳列中，對照起這幾年東京新開的一些新書店，讓人觀察到東京的書店經營，已經正式分流出一道全新的路線。

傳統書店習慣用出版社、文體與出版類型來陳列書籍，而在日本書店又特別會把文庫本和精裝本分區陳列。但近幾年在開的新型態書店，則是打散了既有的分類藩籬，用一種「雜誌特集化」的下標方式，如以「和你同年紀的人所寫的書」、「星期一適合讀的書」、「風、雨、陽光」或「生命混沌之際」等項目，重新去整合與主題相關的出版品。無論是雜誌還是書籍，新書或舊書，文庫或精裝，報導、小說或散文，全混雜在同一個主題的書架裡。

事實上早在MUJI BOOKS之前，六本木TSUTAYA書店、新宿Brooklyn Parlor等複合式書店，就已開始去從事這樣的新型態陳列。前兩年，在下北澤開的B&B書店，和前陣子在神樂坂開的la Kagu與海鷗書店，還有最近在新宿開的STORY STORY都是朝向這樣的概念去經營書店。

書架的主題分類，讓讀者感覺更貼近日常生活；書店的平台，不是只收出版社的錢去辦臨時性的主題書展，而是聘請專業的編輯選書人，去呈現出更有主張的閱讀提案。

「真有很多人會在這裡買書嗎？」「這麼大的書區，能撐多久呢？」同行的友人在逛完後，讚賞之餘又不免憂心起來。果然曾聽人說，想要過樂觀的生活，就盡量不要跟作家和出版人當朋友哪。

對於真正愛閱讀的人來說，不管書店是什麼形式，永遠都能挖到寶，但對於一個願意如此看重書本的店家，我們打從心底還是希望它能堅持下去的。

我想，創造出一個美好的「逛書店」環境，真正的意義或許是去激發一個原本不怎麼看書的人，因為偶然間的一本書，開啟閱讀之旅。

然後發現，人生的每一天，端看你用什麼角度去解讀生活的每一頁。所謂的悲歡離合，好與壞，從來都不是絕對的。

24
蔦屋一二事

蔦屋書店在東京的二子玉川開了新店。比較特別的是這裡的店名不是書店，而是家電；蔦屋家電。原來是一間結合3C精品家電、雜貨與書店的複合式書店。

店很美，空間的穿透感極佳，賣的商品和進駐的專櫃超有質感，進的一些外文書籍在其他書店也很少見。比起逛書店或逛家電行而言，好像更接近走進什麼觀光景點似的目不暇給，處處充滿驚喜，一個比一個更搶戲。強調給予東京人一種理想生活的提案。

有許多歐美來的精品家電，我從未在東京的一般電器賣場見過，很是新奇。當然，價格也是懾人的。像是造型和功能都很講究的昂貴咖啡機，又美又專業，感覺買了它就是要準備開店才對。

真的有人家裡會擺上這樣的家電嗎？才這麼想著，兩個推著高級嬰兒車的貴婦，就喚來店員詢問送貨天數和有沒有別種顏色。

既然店名都已擺明了是家電而非書店，那麼書屋的氣息沒有代官山店來得濃厚，也不是太意外。可能因為整個空間交錯了許多的非書商品，視覺上就稀釋掉了書的存在感。其實，這裡的藏書還是不少的。特別是生活居家和藝術設計類型的書與雜誌特別豐富。

蔦屋無庸置疑，真是做出了一個新型態書店空間的典範。不過，有趣的是，仔細回想起來，代官山的那間店我去過了好多次，卻幾乎沒在那裡買過任何一本書或雜誌。

原因是我大部分會買的書還是文學書。蔦屋書店美雖美，書也豐富，但在文藝書種類與庫存上，還是比不上內裝單調，像圖書館的淳久堂或紀伊國屋。至於新刊雜誌，好幾次拿了想結帳，最後又放回去。因為幾本雜誌好重，還要背著逛街簡直像修行。

日本的書店採定價統一制，不管在任何一間書店，書的定價都相同。書店可以用會員卡累點的方式折抵現金，但書價本身不得打折。網路書店也一樣，除非是二手書。這個影響就是連鎖書店或通路無法憑仗其勢力要求出版社下折扣，而傳統小書店便有了生存空間。

於是，當我在蔦屋書店看到想買的書或雜誌時，最後常常卻是回到住家附近的傳統書店才買。美麗的蔦屋書店，對我來說「逛」的氣氛還是濃厚了點。況且連鎖大書店的書不差少賣幾本，還可以靠賣咖啡、賣雜貨或賣貴婦會買的家電來營運下去。而小書店，真的就是只能靠賣書才能活得下去了。

在東京的住宅區，瞥見還苦撐著的小書店時，總覺得懷舊。小時候，台北街頭也有不少個人經營的傳統小書局吧。那些非連鎖的小書局，除了賣書、賣報賣雜誌以外，還兼賣文具和少許的玩具。快逢過年時，我總愛早晚都去巷口的書局繞一繞，因為會擺出期間限定的各式鞭炮。

逛著蔦屋家電的我，竟突然回憶起了這些畫面。原來傳統的書局，早就有了複合式書店的概念嘛。

書店裡，小小的身軀，握著零用錢或紅包，在想要的東西面前躊佇，懷著花錢的罪惡感。如今想來，何必猶豫？換成現代的說法，那原來就是巷口書局老闆給我的，理想生活的提案。

25

遇見圖書館

以前住在台北時，從來不覺得生活跟圖書館有什麼牽連。好像一提到圖書館，只立刻想到學生時代每逢大考，就會進學校圖書館求心安、保平安。上了研究所以後，圖書館變成寫論文時找資料才會去的地方。進圖書館的目的性很強，只是為了課業而已。

我很少進圖書館借書，可能跟我從事寫作和出版有關。喜歡的作家，就直接去書店買了。畢竟一本書即使被借到高居借閱排行榜第一名蟬聯十年，作家也拿不到一毛版稅。己所不欲，勿施於人，所以我寧可去買書，讓作家收到版稅結算單時，不會對人生太無希望。

直到我搬到東京居住，並且在都內搬過幾次家以後，忽然對圖書館的存在這件事情，有了重新的體認。

我發現，在東京的住宅區裡，很容易遇到圖書館。這些圖書館，有些是大型的，但更多的是小型分館。可能只有一層樓，空間不大，但發揮了社區圖書館的功能，提供這一個小區域裡，基本的閱讀需求。這些小型分館，作家的藏書或許沒那麼完整，但每個作者至少也藏有一兩本。

至於每個月琳瑯滿目的日本雜誌新刊，無論大小圖書館，幾乎都能在雜誌區裡看到。

東京二十三區共有一百三十三間公立圖書館。我住的地方是文京區，若以文京區的總面積除以區內十一間圖書館數量來說，號稱是密度最高。幾乎是每走八分鐘半（時速四公里計算）就會遇到一間圖書館。離我家最近的圖書館，步行五分就能抵達。因為實在太近了，最近利用的次數就頻繁了起來。並非為了查資料，甚至有時候也不是要借書，只是散散步就到了，於是便很自然地拐進去瞧瞧，翻一翻雜誌，或者看看有沒有什麼新到書。於是，我才重新思考，為什麼以前在台北不會把上圖書館，變成生活的一部分呢？圖書館變成一個必須特地前往，有特別目的，才能抵達的地方。

但我認為這不該是圖書館存在的方式。應該有更多的圖書館，就算小型也好，是以一種融入生活起居範圍，不知不覺就會到的地方。

有多少台灣人在選擇一個居住的地方時，會把圖書館距離多遠考慮進來呢？以前我也不會。不會，並不是不需要，而是沒有意識到。其實台北市圖的分館數量也不少。目前至少有四十三間以上的分館，在某些捷運站點還設置閱讀站，甚至有借書販賣機。但老實說，那總給人一種展示櫥窗的感受，沒有生活感。創造閱讀的環境，不必過於刻意，也不用花俏。

當有一天，在台灣的某個地方，能夠不知不覺散散步也遇到一座圖書館，然後走進去，就像沒事也想晃晃便利商店一樣自然時，我想，那才是靠近一座理想城市的開始。

03一個人的家

世界悄悄在改變，
天空還是同樣的一片。
我會繼續努力地走下去，
在生活被命運敲碎成悲歡離合的碎片之前。

01

房子的氣味

每次嗅聞到乾燥花的味道，總會想到十九歲的那年夏天，寄宿在美國舊金山的那戶人家。

寄宿家庭的老先生老太太，喜歡在木造房屋裡的洗手間，擺上一盤芬芳的乾燥花瓣。乾燥花在木造的房屋裡，經過一整個下午不通風的悶熱以後，味道變得更加濃郁。即使不進洗手間，只是經過，都能撲鼻而來。如今聞到乾燥花，我就立刻想到那棟房子，以及老先生老太太的笑顏。

因為鼻子過敏，我其實對於味道的細微層次，不是很能分辨。但正因如此，可以讓我感受到的特殊味道，必然容易留下深刻的印象。

可能是從舊金山的那年開始，我對於房子的氣味就變得敏感。有一回和朋友去了在銀座的某間咖啡館。一樓飄散著咖啡香，但端著咖啡走上二樓時，我卻忽然對朋友說：「有飯店的感覺。」為什麼呢？朋友問。明明咖啡館的裝潢不像飯店。我想了想，推測大概是樓梯的地毯所散發出來的味道吧。使我幾乎以為，轉角上了二樓，就是客房，可以舒舒服服臥在床上喝咖啡。

有些房子也會讓我覺得有機艙的味道，或者是電影院。房子的味道是一扇任意門，帶著記憶的人們，每個人在同一個地方，其實卻走進了不同空間。

偶爾受朋友之邀去對方家裡時，一進門，比視覺更先衝進我的感官的，往往是空間的味道。就算什麼芳香劑也不使用，空氣中也一定會有浮游的薄弱味道。可能是家具木質的氣味、廚房殘留的料理味、書架散發的紙張味，或者主人噴過的香水和髮膠的氣味。這些房子裡的味道在我心底，不知不覺成為了記憶那個人的一部分。不懂得特別照料房子氣味的人，常令我覺得有點遺憾。好像努力維持著表面的美好，但生活的空間終究是破了功。

過去租的房子，是東京常見的兩層樓木造公寓。每到炙熱的夏天，晚上回到家一打開門，就覺得像是打開了蒸籠蓋似的。一股熱氣襲來，帶著木頭味，就覺得不忍。彷彿家裡的東西都被蒸熟，可以準備上餐桌了。

日本和台灣不同，住商混合少見，離開車站周邊以後，就是純粹的住宅區。市區內的大廈，基本上樓都不高。一戶獨棟的木造房仍居多，一幢幢屋子，棋盤式的排列，要是不熟悉方位的話，常常一走進巷弄裡就會迷失方向。

然而，也就只有走在這樣的住宅區中，才能感受到東京在地人的生活。我特別喜歡在黃昏的時分，穿梭住宅區裡。每一幢房子雖然都緊閉著窗戶，拉上窗簾，看似表情木然，但充滿感情的氣味卻從室內竄到室外來。

啊，這棟是青椒炒肉絲；這棟是烤鯖魚；這棟是炸雞塊吧。華燈初上，提醒我，晚飯的時間到了。再晚一點，浴室排氣口散發出來的沐浴香氣，偶爾也會飄散到街道上來。身在異鄉的我，即使和這些不識的人家毫無關係，卻因為房子的氣味，跟著他們一起刻畫了時間的作息。

前陣子，回台北做新書宣傳。某一場通告，負責採訪的女生見了面就開心地對我說，誰誰誰是她的阿姨喔。原來是那年夏天在舊金山，一起同住於寄宿家庭的學姊。時間恍恍，令人怔忡。

咖啡館裡沒有乾燥花香，整場採訪，我卻總以為淡淡地嗅聞到了什麼，在那幢沐浴在加州陽光的屋子。而氣味一散，轉眼便飄過了十七年。

02
記憶的什錦

除了高中三年住校以外，從前在台灣的時候，我從小都是和家人一起同居。就讀的高中在當時強迫所有的學生必須住校，除了看病能離開校區外，就只有週末才能回家。三餐全都在學校內的食堂打理。但食堂可不像大學的學生餐廳那樣，能自由進出想吃什麼就買什麼。三餐有指定時間，我們有如軍隊生活般集體進出，正襟危坐，等教官宣布開動才能拿起筷子吃飯。至於在家裡起居時，有個煮出一手好菜的老媽在，那更不用費神思考每天要吃什麼了。

直到自己終於離開家，而且還是離開自己的國家到異鄉，才發現如果不想要成天外食，那麼光是要在家裡解決「吃」這件最基本的事，都有很多過去想也沒想過的事情。

比如，「超市」這個地方的必要性。畢竟，沒有超市，或者超市離家很遠，怎麼做菜呢？剛來日本的第一年，住的地方車站就有一個大超市，當時也沒特別思考過這問題。直到第二年搬家了，猶記得跟著仲介公司去看房，看到後來決定的物件時，仲介先生在路上忽然跟我說：「這地方不錯耶！」我以為他要說的是附近有一個大公園，或環境很幽靜之類的，結果他繼續說：「車站有一個超市，然後走到公寓旁，附近又有一個大超市。有兩個超市呢！」那時我有點意外，也才算第一次意識到原來評鑑一間房子其居家生活的好壞，還有「離超市近」的必要性。

這就是我們這些住慣家裡的人，不知不覺地養成一股理所當然的驕縱吧。

我在這間坐擁一遠一近超市的公寓，住了四年多。我很喜歡靠近我家不到五分鐘路程的那間大超市。超市是7-eleven企業經營的，裡面除了有一般品牌的商品以外，還有很多7-eleven自家生產的商品。從料理食材、生活消耗品到茶米油鹽醬醋茶，一應俱全，有些甚至是7-eleven超商自己都沒賣的產品。

最近因為準備再次搬家，每天忙著打包行李，晚上都在家裡隨便自己弄來吃吃。進出附近的超市買菜時，大概因為就要離開了，特別感受到它的存在感。新環境的大廈附近雖然也有兩個超市，但規模都比不上這間來得大。我和我的朋友說起這件事時，恐怕是帶著一點離情依依的口吻吧，朋友安慰我說：「沒關係啦！其實超市那麼大，你會買的不就固定是那幾樣東西嗎？」嗯，確實如此。真是一針見血，把我從內心戲的攝影棚裡硬是拉了出來。

昨天晚上是我最後一次，在這間租賃了四年的公寓廚房裡為自己煮上一餐。朋友看了照片問：「所以這是什麼麵？」我回答：「我也不知道。反正就是把冰箱剩的食材弄成一碗什錦麵。」在很大的超市裡，不自覺地買著固定的那幾樣東西，倒也還是組合變化出了許多料理口味。人生或許從來不在於有多少選擇，而是怎麼搭配你喜歡的那幾樣東西。

我吃著這碗道不出名稱的什錦麵，依然覺得可口，甚至覺得今夜特別香醇。在霧氣氤氳中，記憶是一夜限定的，最濃厚的口味。

03

如何記住這裡的星光？

最近搬了家。是我來到日本以後的第二次搬家，也是來日後第三次轉換居家環境。搬了兩次家，住過三個迥然不同的地方，有趣的是，這三個地方原本都不是我預期會生活的環境。甚至在搬家以前，我根本不知道也沒去過那裡。

三個地方的所在位置南轅北轍，毫無關係，要是把地圖攤開來看的話，這些年的搬家史，可以說是一條進化的遷徙。所謂進化，指的是居住環境的交通便利性，在位置上愈來愈靠近市中心。我的朋友知道我搬到現址以後，打趣地說：「你不能再搬了。你一次比一次搬到更市中心的位置，再搬的話，只能去住『皇居』了。」

才不要呢。縱使要真能住進皇居，我也會放棄的。畢竟，十幾年前第一次來東京旅遊時，去過一次皇居以後，我就再也沒去第二次了。

我在日本第一年的租屋，是在台灣就決定的。那時候，只是把預算和條件告訴日本租屋公司的台北分行辦事人員，最後在網路上篩選出適合的物件。結果，決定的地方根本不是東京都，是埼玉縣。

第二年搬家時，決定物件的過程也是懵懵懂懂的，對租屋仍是門外漢。因為不夠清楚堅持的條件，房子是愈看愈模糊。最後，竟只是約了一個仲介商，就從一整天他介紹的物件裡，決定一個我滿意的。所幸第二次住的地方終於進入了東京都。只不過是在23區的邊緣，夏熱冬冷的練馬區。

四年後，便是最近的第二次搬家了。來日後第三次住的地方，搬進了山手線那一圈之內的位置。幾乎是靠近都心中央，到東邊的銀座和西邊的新宿是相同的通勤時間。距離我上班的早稻田一帶，走路十幾分鐘就可抵達；到我喜歡的神樂坂，徒步也不用七分鐘。不過，縱使我對早稻田和神樂坂兩地熟悉，但對大樓周遭還是很陌生的。就像是之前的兩次搬家一樣，我從來沒有預期到會住到這裡，從未走過一次大樓附近的街道。

於是，與這些地方的相遇像是注定似的，也只能用緣分來解釋。可是，不管是哪一個地方，我都喜歡上了。切出一個陌生的入口，把自己放置進去，歸零，生活重新出發。不知不覺，我便熟悉於進入一種不帶任何預設立場，去相逢、去了解、去愛上，然後最後或許又將離開的過程。不禁懷疑，以這樣的心態去處理環境的轉換，是否也無意識地訓練我，懂得面對了那些情感裡留不住的人。

展開新生活也就意味告別過去。三個月以前，完全沒料到我會這麼快搬離住了四年多的小公寓。處理新居的交屋手續超乎想像的繁雜，這段日子以來，沒有多餘的精力去思考即將的離開。好不容易塵埃落定，搬家的時間也確認以後的那一天，走在從車站回到住處長長的夜路上，我才終於意識到，我要離開這裡了。

離開前的最後幾天，像是做一場告別巡禮似的，再去一次住家附近我喜歡的餐廳吃飯；再去一次我家後面的小錢湯泡澡；再去一次幾乎每天都報到的超市，刻意找我喜歡的老婆婆坐鎮的收銀機結賬。她的年紀好大了，聲音卻永遠洪亮，讓人感覺年老也能充滿朝氣和希望。

步上木造二層樓的階梯時，我慣常抬頭仰望夜空。我知道以後在市中心恐怕見不到這麼多的星星了，我該如何記住這裡的星光呢？隨手用手機拍了天空，當然，模糊成了一片。還好我能夠書寫，可以用方塊字去綴織一片回憶的星空。

來日的第一年，一切都是新鮮有趣的。那一年住過的屋子，找不到憂傷。而此刻要離開的租屋，歷經了更真實的生活點滴，收藏著複雜的情緒。

就在搬家工人把最後一箱行李，帶離住了四年多的公寓之際，我拜託對方，為我和這間又恢復成空蕩蕩的房間，拍下一張合照。

「多謝四年來的照顧！」我在心底默默地對房子說話。窗外的光，剎那間閃了閃，屋子裡一明一暗，像是一股了然於心的默契。

04

從廚房開始

日本四季當中的春、夏、冬三個季節，我媽都已經體驗過了，這一次她再訪日本，為的是要來補足秋天的空缺。

秋天來日本，當然就是看紅葉了。她早在春天就決定這場旅行，買好機票時，確實是把看紅葉設定為旅程的主要目的。不過，就在六月底，這目的有了一點改變。目的從看紅葉，變成來看我的家。

在一年之始，回顧去年大事，連自己都有點意外的發展就是我搬了家。而這一次搬家，並不是搬到誰的租屋裡，而是搬進自己的房子。

三月下旬才萌生的想法，前後只花了兩個月就完成了這件事。身邊的朋友知道以後，打趣地說：「你好像去超市買東西一樣。才聽你提起這件事呢，現在已經買好了。」

買房這件事，以前認為資金是最大問題，但經過這次經驗以後，卻發現準備好頭期款只能算是入場罷了。真正需要的是「毅力」這件事。手續超乎想像的複雜，而找房、看房到判斷決定，是一場精神和體力的消耗戰。一度曾經想放棄，結果，反而是我媽更為積極。每天透過手機和電腦，文字訊息和網路電話雙管齊下，耳提面命告訴我：「加緊腳步！打鐵要趁熱。既然有計劃，就要認真執行。」

最後，她以溫情的口吻打動我：「最好我秋天去看紅葉時，就是住在你新家，那就最完美了。不過也要看看有沒有這個緣分啦。」

哎呀呀，都這麼說了，我一定得創造緣分才行哪。

最初在動了買房念頭之際，曾和大姊討論過。記得當時大姊說，能買個自己的房子當然是不錯，可是，房子是在買東京，不是台北，不曉得媽媽會不會覺得，那就代表我真的把未來的生活重心都放在日本，不準備回台灣了呢？結果沒想到，我媽完全不在意這件事。事後提到時，我媽還說：「以後買了房子，空間比租屋寬敞些，就可以去住比較長的時間啦。」至於是不是會一直住在日本，或者會不會在日本失業，繳不出貸款呢？我媽比我還務實且樂觀地說：「怕什麼？真的要回來台灣時，房子租出去和賣掉都行吧。那些都不是問題。」

然後一轉眼，她便住進我的新家，去看紅葉了。

住了快兩週的她，對於新家的周圍環境顯得很滿意，左轉右拐會通向哪裡，漸漸有了概念。雖然還是不敢一個人去逛，但她在離開時已經做下決定，下回再訪時，要向自我挑戰：一個人去商店街買菜。

我媽回台北後，冰箱裡留了一些她在這裡煮的食物。其中一鍋是湯圓。她從台北飛過來的那天，特地帶了生湯圓，決定煮一鍋她的拿手菜「客家湯圓」給我。紅白小湯圓能帶來，可是需要用到的配料，只能在我家附近的超市買。她一邊煮一邊碎碎念著：「這裡買的食材跟台灣不同，煮起來不知道好不好吃？」又說：「我不會在別人家廚房煮東西，很不熟，可能煮不好。」

可是，我看著我媽在我家廚房的側影時，根本就覺得她只要站在誰家廚房，那就會變成她的廚房啊。

煮好時，她自己先嘗了一口，竟忍不住讚歎：「沒想到一樣好吃耶！」

我忍不住笑出來，迫不及待也盛了一碗來嘗嘗。

在進駐新房子約五個月後，迎接了我媽的到訪。雖然這真的是我自己名下的家了，但直到這一天，這棟房子，從廚房開始，才終於有了家的感覺。

05

預算無上限

「預算無上限！」這輩子活到目前為止，我最想說卻還說不出口的一句話，應該就是這一句吧。不管是對別人說或對自己喊話，感覺只要此話一出，大家看你的表情就會有如遁入岩井俊二的電影場景。彷彿頭頂的天空降下飛舞的櫻花，暴雨都瞬間放晴。

最近，這種好康事竟發生在我身上。只不過，這句話並非從我口中說出來，而是有人對我說了這句話。

「那不是更棒？被賦予了『預算無上限』的特權耶！」在網路上一跟朋友分享，大家比我還興奮。我的情緒被帶動起來，腎上腺素激升。預算無上限。什麼櫻花雨那可以省省不用灑了，早已進階到哈利波特的世界。彷彿一根魔杖在手，什麼東西都能變出來。

前陣子，我三姊和我媽來東京過農曆年。這是他們第一次離開台灣在海外過年。日本是不過農曆年的，一點年節的氣氛都沒有，但她們改變了這個事實。過去是怎麼在台灣過年的，在東京也就要那樣過年。買新衣、去溫泉旅行，豪氣地大吃大喝。外面的店家沒有年菜無所謂，除夕和大年初一，還特地一早跑去築地和各大超市把高級食材給全搬回家。那些平常我逛市場都不太捨得買的食材，比如品質極佳肉花超美的高級和牛、鹿兒島黑毛豬肉之類的，突然在我家廚房的冰箱裡一字排開時，害我都很擔心冰箱不適應，想敲一敲問：「有事嗎？」

「難得來國外過年呀！預算無上限！」我三姊一邊豪氣地說，一邊調整我手上拿著的，比我的臉還大好幾倍的松葉蟹姿勢。因為我要跟牠合照紀念。

我因此重拾了過農曆年的感覺。就在搬來日本進入第八年，都快忘記從前過農曆年是什麼感覺的時候。

其實不只是除夕和初一。幾乎是在她們到訪的每天晚上，我家都會上演深夜食堂，每一天都換一種想吃的菜色。那一週，在外頭玩了一整天，最後的行程就是去超市買食材。回到家由我三姊掌廚，一邊看我媽要看的韓劇（請不要質疑為何到了日本卻看韓劇）一邊當消夜吃。

我們家唯一遺傳到我媽廚藝天分的，應該就是三姊。不同的是，我媽擅長老少咸宜的家庭料理；我姊則擅長烹煮像是帝王蟹、松葉蟹或和牛等高級食材的料理。因為她對吃的特別挑剔。即使我們在外頭已經吃過晚飯了喲，回到家，深夜食堂依然掛牌營業。

問她們，玩了一整天不累嗎？她們回答：「我朋友都好羨慕耶。說一般人來東京玩，怎麼可能在飯店煮菜呢？在市場看到什麼就帶回家煮，真是太好了。」

「預算無上限」也實踐在外食方面。早在到訪的半年前，我三姊就已向我下單預約想吃的東西。族繁不及備載，就舉二例。一個是她無論如何要嘗試吃吃看的河豚全餐；另一個則是要去吃很高級的日本燒肉。河豚全餐不用說，肯定很貴，而燒肉要吃到好的等級，價格也很有落差。我問我姊，預算是怎麼樣呢？她豪氣地回答：「反正就是要嘗試看看。重點要好吃，預算無上限。」

話雖如此，我還算是熟悉我姊的。所謂的「預算無上限」畢竟還是帶了一點玩笑話吧，所以我在挑選餐廳時，還是稍微默默地在網上比了一下口碑和價錢。畢竟我想起上一回她來，最後連到機場想買個土產的錢都沒了，只好向我借錢。預算無上限，只要你身邊的人也有錢，這種退路可不行。

這趟日本過年之旅，我姊突然迷上了日本酒。她酒量好，從東京到青森，一路上都在嘗試和比較當地美酒。每天的深夜食堂，我們就會開一罐新酒。冰箱已經放不下了，就把酒都擱在陽台上。反正天氣夠冷的，說不定還會飄雪，想喝時拿進暖氣房裡，有時比放進冰箱裡還涼。

我酒量很差，但日本酒因為覺得順口，倒還可以跟著喝上幾小杯。倒是我媽原本應該是完全不能喝的，因為開心也忍不住加入酒局。才喝沒幾口，好像就有點醉了。臉紅到不行，話講不停。都到睡覺時刻了，躺在床上，話還繼續。

她們計畫很久的旅行，一晃眼也結束了。她們回去台灣，我還沒來得及打掃屋子，隔天又忙著去他鄉出差。一週後回到家，她們用過的寢具還在原地。

出差結束後回到家的那天深夜裡，肚子餓了，決定深夜食堂再度開啟。依樣畫葫蘆，買了高級的和牛來煎牛排，結果明明是按照我姊吩咐的步驟料理，牛排卻變成了豬肝。也差太多了吧！我一個人在電視機前勉強吃完了，感覺似乎少了點酒。然後不知怎麼的才突然感覺，年，還真的是過完了。

06
不抽菸的好日子

「我現在聞到菸味就討厭。」我三姊這麼說。

一開始我幾乎以為是幻聽了，反問一次她剛才是不是有說了什麼？她重複同樣一句話以後，我才確定沒有聽錯。

這話換做任何一個人來說，對我的衝擊都沒那麼大。不過，居然是從我三姊的嘴裡冒出來的，那絕對足以列進我的本世紀世界大事裡。

老菸槍的她，抽菸歷史超過二十五年，過去成天菸不離手，現在竟然會講出她討厭菸味，我真的不敢置信。這件事情讓我相信，有一天要是看見企鵝重新振翅上天，也不必太驚訝。

我三姊她戒菸了。沒有任何預警，也沒有什麼痛苦難熬的戒菸過程，好像只是打開電器開關一樣，啪的一個動作，幾個月的某一天開始，她就說，她再也不抽菸了。而且一點都沒有想要再回頭去抽的欲望。

聽她這麼說，我瞠目結舌。每當她的話告一段落時，我詫異到幾乎詞窮了，只能不斷地吐出：「太不可思議！」這五個字。她淘淘不絕地說了很多，像布道一樣，闡述她遠離香菸的神蹟，我起碼就重複了五次的「太不可思議」。

因為我知道她過去是怎麼抽菸的。一天一包半，有時兩包。一直抽一直抽，沒事就抽，無聊就抽。工作時會抽，開車也會抽，一碰到塞車就點菸。起床睡前抽已經沒什麼，常常半夜睡覺睡到一半醒來了，就去陽台抽根菸。

去年冬天，她跟我媽來東京找我。要來以前，我特地去買了菸灰桶，這一輩子第一次買的東西。菸灰桶放在陽台，還準備了拖鞋給她穿，心想自己真是個體貼的弟弟。結果，她還沒到我家，狀況就在機場發生了。而且不是東京的機場，是起飛前的台北松山機場。

我在羽田機場一接到她和我媽，就見她一副熱鍋上螞蟻的焦躁。劈頭問：「快！哪裡可以抽菸？我快憋死了！」我指了指機場裡的抽菸室，她二話不說衝過去。留下我媽向我解釋。

原來，我三姊沒料到松山機場一過海關到候機室那裡，就完全沒有給人抽菸的地方。她說她有空間幽閉症，不愛搭飛機，所以每次登機前，一定要抽很多菸來安撫情緒。沒想到松山機場到處禁菸，把她給氣死了。

我很久沒有跟我三姊一起住了，回想起來幾乎也沒有一道旅行過，所以只知道她是個老菸槍，卻不太清楚她二十四小時的習性。去年她來的那一週，我總算見證到了，也被嚇到了。

她剛來東京的那幾天很痛苦，因為，她無法隨時想到抽菸就點菸。這幾年，東京禁菸禁得厲害，在一些主要鬧區的街上邊走邊抽菸，被抓到了，就要罰鍰。從前在車站月台上，一定都會設有抽菸室，現在全沒了。車站出口，戶外的抽菸指定區也撤得愈來愈多。

當她菸癮一來，卻沒辦法解決時，簡直像孫悟空被念了緊箍咒一樣痛苦。她的臉，會臭得像是天快塌下來，旁邊的人最好沒事都快逃。

她痛苦，我也痛苦。因為我得放下所有的事，立刻想辦法替她找到能抽菸的地方才行。可惜，這原本就不在我的日常生活範圍裡。我對東京很熟了，卻不包括這一項。當我焦急地領著她，安撫她說，走到附近的車站前就好，那裡會有抽菸指定區，結果常常到了以後才發現被撤掉了。只剩一張她的撲克臉。

還好後來知道，百貨公司裡面大多還會保留抽菸室。不然就是進能抽菸的咖啡館，後來才逐漸舒緩了這波菸癮危機。

以往每次回台灣時，她都要我在日本機場的免稅店買菸回去。說是只有日本機場裡才賣的限定版。我怕買錯，拍了菸盒的照片存在手機裡。手機換了好幾次，情人的照片從沒留過一張，菸盒的照片卻小心翼翼留存著。

這次回台灣，是她宣布戒菸三個月後我第一次回去。在東京的機場裡，我老是覺得不對勁。登機前、下機時，直到領完行李出關後，整個人覺得恍恍然的，不安，甚至空虛。後來才想起，是因為我手上少了一袋菸的關係。

我三姊她戒菸了。她不需要我在機場買菸了。她已經習慣不抽菸的好日子，沒想到卻獨留著我還不適應。

問她，對自己戒菸後的人生有何啟發嗎？她像是個大師開講似地教誨：「不抽菸以後，時間，忽然變多了。說菸癮是戒不掉的病，那都是騙人的。」停了停，補上一句充滿禪意的話：「菸癮只是一種習慣，不去想，就不存在。」

都說菸酒不離，前兩天她又說，接下來她的目標是戒酒。可能嗎？我想，真不能小看她。她真的，太不可思議了。

07

轉角的菠蘿麵包

住家樓下的小商店街，幾個月前開了一間現烤菠蘿麵包專賣店。

說是專賣店可能有點恭維了，其實根本不算有店面。店開在街頭的轉角，只有兩個榻榻米的大小，光是擺進烤麵包的機器以後就沒剩什麼空間。客人買麵包時，只能倚著一個小窗口跟老闆買。

當初看見這個轉角的小舖開始裝修，到掛起店家招牌完工時，老實說心底很是納悶。幾次經過都在盤算著，大概沒過多久就會倒閉吧。

這樣的小店，如果開在人來人往的地下鐵出入口還能理解，但開在我家這一條絕稱不上熱鬧，頂多只能勉強說是生活機能健全的商店街裡，怎麼想都稀奇。沒想到，店就這樣開了下來，而且生意也不差。

我慣常去剪髮的髮型沙龍，也在商店街附近。開店的消息，最早是從我的髮型設計師口中獲得的情報。

「你住附近對吧？有聽說嗎？巷口要開一間菠蘿麵包店喲！」

設計師輕聲細語地說，像透露一則祕密。那麼有誠意的口吻，讓本來對菠蘿麵包沒什麼太大興趣的我，彷彿覺得不應該輕忽。

到底是什麼時候開幕的，我沒特別注意，有一天，它就開幕了。再次被提醒，是在某天中午到商店街的一間家庭料理吃飯時。隔壁桌的一對客人跟老闆娘聊起來，我突然從他們的談話中聽到了關鍵字。

「中午去很難啦，附近的上班族都會跑去買。下班時間就還好喔，但是不要四點到五點半這段時間，因為小朋友放學了也會跑去買。剛開幕那幾天，還要排隊才能買到呢！」

原來是老闆娘推薦客人，這附近有什麼好吃的店家可以試試時，菠蘿麵包就堂堂登場了。

即使在東京這樣一個大都會，一條盈滿生活風情的小商店街裡，任何的風吹草動，簡直都像是NHK晨間連載小說日劇裡的淳樸情節，可以變成居民之間的國際大事。

如果不是因為開了這間小店，我想不起來到底有多久，沒在麵包店裡買過菠蘿麵包了。那間店自從買過一次，真的覺得滿好吃之後，就列入了我下午茶的名單中。

偶爾去買的時候，會恰好遇見放學的小學生。大人和小孩交雜著排隊等候烤好的菠蘿麵包，每個人都靜靜地守候著，感覺是很世界和平的一刻。

「老闆！請給我兩個『好好吃』的菠蘿麵包！」聽見隊伍前端戴著帽子的可愛小學生，踮起腳尖對著窗口大聲宣告時，大人們都笑成了一團。

「好的！原味的兩個！馬上為您準備！」

明明只有老闆一個人，他卻像在星巴克工作一樣，總在客人點完東西後，微微地偏著頭，對著後面的誰在說話一樣，大聲地複誦一次客人點的口味和數量。

他會立刻從窗口走到身後的架上夾麵包。回來時，又再次一邊用著洪亮的聲音喊著：「為您準備好了！」一邊把麵包交給窗口外等候的客人。即使對象是小學生，也是那麼畢恭畢敬地交給對方。

我在窗口等著、看著，忍不住想到幾乎所有的小孩子，都會歷經一段自己跟自己玩，一人分飾二角的歷程。老闆身兼客人；A員工身兼B員工，我有過這樣的時光。菠蘿麵包店老闆的有趣舉動，總是笑容滿面地大聲呼喊著，不禁令我揣想，說不定他是在一次次地實現著，孩提的夢。

不過，眼前的他並不像是童年的我，因為沒有玩伴而只能唱起獨角戲。他的聲音像是一朵花，綻放在每一個引頸盼望著，吃到香噴噴麵包的客人臉上。

說起菠蘿麵包最好吃的部分，就是一格格烤得酥脆的表皮。小時候，吃菠蘿麵包時總有個壞習慣，喜歡用手把一格格的麵皮先剝下來吃。最好吃的部分吃光以後，飽了，就任性地丟下一個被剝得很醜、光禿禿的麵包，留給家人善後。

當我第一次提著轉角的菠蘿麵包回家，一雙手捧著，大口大口吃起來時，才赫然意識到，我已經不再像孩子時代那樣的吃法了。

我早就成為一個該為自己的所做所為，負責與善後的大人。

順帶一提，菠蘿麵包的名字由來，是因為外皮長得像菠蘿（鳳梨）故得此名，但在日本菠蘿麵包卻是叫哈密瓜麵包（melon pan）。不過，原因也是表皮烤過的格狀紋路，像是哈密瓜果皮一樣而得名。

不管是叫什麼名字；無論在台灣或在日本；小學生的我還是三十歲後半的我，吃起麵包的幸福感，其實沒有改變。

歲月就凝縮在一個菠蘿麵包裡，如今又綿延出一條異鄉的商店街。

08

心跳的脈動

網路上曾經謠傳，據說某些日本的便利商店，為了讓客人不要一直站在店裡翻閱雜誌，用了一種很科學的方法來「驅趕」客人。他們會在雜誌架附近安裝電波器來製造噪音，而且是一種人類極度難以忍受的噪音，干擾到你受不了為止（或快拿去結賬）而離開。有趣的是，因為大部份占據在雜誌架前的客人，都是愛看漫畫的年輕孩子，故那擾人的聲音只有十幾歲的青春孩子聽得見。

忽然又想到這件事，是因為搬了家以後，附近的公司行號很多，常常在晚上十一點多去便利商店買東西時，還能看到穿著西裝剛下班的男生，一排人站在雜誌架前。他們站得很有規矩，簡直讓人以為是在等深夜巴士。但他們是在翻漫畫，或者看成人雜誌。都那麼晚了，為何還不趕快回家呢？電影裡這樣的角色，總是被描繪成生活百無聊賴，未來沒什麼目標的單身男子。每次看到他們，我都警誡自己，有一天一定不要變成站在其中的一個人。

不過，要是店裡真有安裝擾人音波器的話，這些西裝男顯然都超過了設定的年齡。即使不願意，我其實早已被歸在同一個陣營裡了。

除了雜誌架前的西裝男以外，在這個時間，總還能看見不少深夜未歸的人影在住家附近出沒。於是深切地感受到，搬家前住的地方雖然也算東京23區，但比起現在市中心的住處而言，怎麼說都得承認是郊區了。

搬到新家的生活，轉眼間就過了三個多月。不知道為什麼，我竟然有一種錯覺，以為住在上一個地方的日子，已經是一、兩年前的事。

有點意外，我比想像中更不想念過去住了四年的地方。

親友們聽了以後說：「代表你很滿足現在的生活呀。」如果老是耽溺在回想過去的生活，那麼就代表現在的自己並沒有過得更好。

原來，美好的過往「記著」就好了，不該經常想念。不想念了，就是一種幸福的現在進行式。

以前住的地方，每戶住家的間隔都有段距離，商店少且離得遠，大部分的時間都像真空似的，沒有任何雜音。冬天時氣溫低，聲音似乎能傳播得特別遠。有一陣子推開窗子，竟然能聽見路程十五分鐘距離外，電車行駛過鐵軌的聲音，十分驚訝。

因此，剛搬到新家時，朋友們都問我感受如何呢？大約期望聽到的是交通便捷或生活機能很完善的答案。但我的回答卻是：聲音不同。並不是嘈雜，只是打開窗戶以後，再怎麼安靜都還是有一股細微的，嗡嗡的長聲。

其中的一個詩人朋友，聽了反問我：「你知道那是什麼聲音嗎？」我說不知道，並認真請教。他悠悠地回答：「那是心跳的聲音。」

未免也太詩意了吧！明明就是城市專屬的噪音嘛。他糾正我：「因為你現在搬到了『都心』呀！所以那是繁華東京都心的脈動聲。」

喔，原來如此，失敬了。

星期天的秋日午後，我在家裡寫稿。累了，拿了本雜誌，坐到陽台上翻讀。忽然間，一陣淡淡的聲音從遠方傳來，是神社祭典的樂音聲。哪裡的神社呢？我決定放下手邊的工作，下樓去追尋那神樂的源頭。

在微涼的風中，我輕輕地跑了起來。聽見鼓聲咚咚作響，像這座城市裡的季秋催促著孟冬前來的步伐，愈來愈急促，終於跟上了我心跳的節奏。

09
裏神樂

「東京、神樂坂。充滿坡道的地方。在黎明破曉之際，是我的最愛。」

在日劇《拜啟，父上様》當中，腳本家倉本聰如此破題寫道。二宮和也的旁白娓娓道來，畫面裡浮現出起伏的坡道和羊腸小徑的石坂路。穿梭入內，林立著風情繚繞的日本料理店、和菓子屋、日式老宅的錢湯（大眾澡堂），同時卻又混雜著許多潮流的法義小館。新舊交疊，和洋雜處，對比的美感與成熟的韻味，是一座飄散著大人味的飲食小鎮。

神樂坂的清晨，總會看見日本料理店的工作人員，開始將從築地市場批發回來的魚獲搬入店裡。不遠處的飯田橋是辦公重鎮，中午時分這裡便會聚集起用餐的上班族。晚上昂貴的日本料理，中午只要三分之一的價錢就能吃到。午後的神樂坂是下午茶的天堂。這一帶因地緣關係，住了不少法義人士，咖啡甜點文化自然百花齊放。傍晚以後，華燈初上，杯觥交錯之間，神樂坂風情也正式散放。

這是《拜啟，父上様》開場時的神樂坂風貌，也是許多東京人認識這個地方的第一印象。我在六年前因為這齣日劇認識了神樂坂，這些年來，從喜歡來這裡散步吃飯，最後在因緣際會之下搬到了附近。

所謂的附近，就是不遠不近地依偎著神樂坂邊界，從赤城神社後方一條石坡道拾階而下，通往一處溢滿生活感的住宅區，是我在他鄉生活的家。嚴格說起來，這地方是介於神樂坂和早稻田大學之間的江戶川橋。最近聽住在這裡的居民說，由於此地是江戶川橋地區最靠近神樂坂的地方，因此大家替這一帶取了個暱稱叫做「裏神樂」（うらかぐら）。

「裏」就是藏於背面的意思。日本人向來對隱藏版的東西特別著迷。「裏神樂」這名詞一出，彷彿像是「裏原宿」一樣，立刻因其神祕感而有所加分了。

從我家走向神樂坂的沿路，都可被視為「裏神樂」區域。因為神樂坂空間飽和或店租昂貴的關係，逐漸有許多獨立經營的趣味小店開始往這一帶開設。不那麼常出現在情報雜誌上的店舖，是許多城市發現者的口袋珍藏。小巷弄裡，從傳統麵包店、咖啡館、糕餅舖、小藝廊、生活雜貨屋等等，很多趣味的店家要是沒人指點的話，恐怕在外頭的大路怎麼繞也永遠不會發現。

「裏神樂」不存在地圖和導遊書上，只流傳在這一帶居民的口中，故確切的界限也隨心所欲。我姑且就以我居住的大樓下，一條飄散著些許下町風情的「地藏通商店街」做為終點。

日本人善於思考和精準的性格，在這條小小的商店街裡就能明白。並沒有誰主導規劃，但商店街裡開店的人都思考過居民的需求是什麼。短短的一條小街，從超市、便當店、麵包店、和洋菓子店、藥房、診所、書店、美容院、洗衣店、電器行甚至照片沖洗店一應俱全。店家各取所需，也滿足了居民的生活機能。

地藏通上不比神樂坂，這裡沒有昂貴的店家，沿途盡是樸實的小店。這些商店基本上就是他們的家，因此生活感的味道更濃郁些，和居民的互動性也更為緊密。路上的老人特別多，但店家的經營者卻多半是充滿青春活力的年輕人。前些日子我在下班日落時分，沿著這條小路回家時，心底忽然升起一種世界真的和平的錯覺。也許是因為從他們的臉上，我看見歲月的遞嬗，有種和平轉移的美好。

搬來神樂坂「界隈」的裏神樂一帶，晃眼就過了三個季節。界隈，我喜歡這個日文用詞，換成中文來說就是周圍或邊界之意。字面上看來，有一種明明處在保持距離的邊界，卻又依偎著的親密感覺。想要靠近時就能接近，想要遠望時亦能堅守旁觀，足以微妙地調和著遠近親疏。

我喜歡這樣的切換模式。外面的世界和不和平我無能為力，那些與我相干的人們就是我所有的世界。我在這裡繼續切換著自己，好讓我的世界和平下去。

10

夜巷的推拿店

找到這間推拿店的時候，還有點半信半疑的。

推拿店距離我家不遠，大概是在步行十五分鐘左右的地方。其實這一帶是繁華的觀光鬧市，而推拿店則是在大街岔出來一條窄窄的巷弄中，一棟狹長的矮樓裡。雖然說地址也是冠著這一帶響亮的地名，但實際上外觀看來既不潮流也沒啥特色，出現在這兒，與周遭有一種事不關己的存在。

總之是上了樓。推拿店是中國人開的，櫃檯負責接待的是個六十多歲的大叔，另一個二十多歲的小姐，是店裡唯一的推拿師。推拿師是個從遼寧來的姑娘，鄉音很重，來日本大約兩年多，日文說得還不是很好。濃厚的遼寧口音，再加上嗓門挺大的，讓她在說日文時，有一股稀有的韻律感。

日文不好，嗓門又大，這都不是我的評斷。是遼寧姑娘自己說的。

「哎呀，你們台灣人講話就是這樣輕輕柔柔的。我覺得好好聽。說起日文也像是日本人很客氣。哪像是我，別說日文不好了，光是一開口，大嗓門就要把日本人給嚇到了。」她一邊推拿一邊跟我說。在感歎地發出「唉」一聲又補上：「語言通，還是感覺不一樣的！」然後又繼續對我說了很多話。

她問我台灣的小吃，問我小S，還問我怎麼樣能在東京租到便宜的房子。最後問我：「你還想回台灣嗎？」我還沒回答，她自己就搶著說：「我感覺我現在回國內，都不適應了。空氣糟，吃的東西也不放心，人也不像日本這麼地守秩序。」

遼寧姑娘的推拿技術很好。要說是我來日本將近八年以來，最好的一次推拿經驗也不為過。

第二次去時，我想已經不是初回優惠價了，於是問遼寧姑娘一般價是多少錢？她很神祕地抽出一張紙，拿筆在上面寫了一個價格，說：「以後你來就這個價錢唄。」後來才發現她給日本人算的是帳面價，我則是優惠價。

一個月後再去時，店裡的大叔消失了，只剩遼寧姑娘一個人。顯然是拆夥了。我沒打算問實情，只問：「這樣不會忙不過來嗎？」她起先無奈地笑笑，開始推拿時，也漸漸推開了自己糾結的情緒。她忍不住吐露，不少身邊的朋友都叫她收手別做了，回中國去，別在日本一直這樣燒錢下去。

「但我不甘心。我總覺得可以再奮鬥一下。也許最後還是失敗了，但至少當我回想起來時，我不是那種什麼冒險也沒試過的人生。」她說。

難道擅長推拿的人，也比較相信自己的雙手可以掌握住更多東西？

離開推拿店時，已是深夜。不遠處偌大的工地，亮晃晃的，在夜裡仍積極趕工。圍籬上印了許多迎接東京奧運會的希望標語，包裝出一座盈滿美夢的城市。

被推拿後的身體放鬆了，不想多走路，決定直接搭車回家。結果，下到地鐵站才知道電車停駛。又發生了「人身事故」跳軌自殺的關係。

有人在某個角落決定繼續奮鬥之際，也有人決定在某個月台縱身一躍。城市裡的每一個瞬間，冥冥之中彷彿都有一隻巨大的手在擲骰子。一面信念、一面轉念，決定了誰的堅持與放棄。

只好再慢慢地走回家了。

一路上的風都涼，搖曳起街燈旁的銀杏樹時，發現葉子已有轉黃的跡象。畢竟都深秋了啊。再不黃，冬天都要來了。轉頭再望向斜對面更遠的銀杏時，才忽然意識到這幾週以來痠疼的頸肩，總算又好了一些。

11
植物苦手

我的多肉植物這幾天用了最後一點殘存的力氣，對我正式宣布陣亡。

好景不常。原本迎接著它們到家時，每一株綠葉都飽滿著精神。窗台的陽光間接灑落其上，光滑豐潤地，甚至感覺是它們自己閃起了青春的光。然而，那一片生意盎然的景象，不到兩個月，就變成現在這副乾扁無力的模樣。葉子由綠轉黑，像是被噩夢纏身又陷入饑荒的淒慘苦境，一片跟著一片，墜落身亡。

是不是水太多，還是水太少呢？或者不夠通風？要不要多一點陽光呢？我關心著剩餘的葉，希望它們能迴光返照，結果才一輕輕碰到而已，原本還能苟延殘喘的葉子，這下子又掉了幾片。

日文裡說不拿手叫「苦手」，我一直覺得這兩個字用得很貼切。兩個字組合在一起，光是看而已就忍不住想要攤開雙手，聳起肩，露出無奈的苦瓜臉，一副「沒辦法呀就這樣了」沒轍的告白。

屋子裡連死三盆的多肉植物，約好了似地用自殘的行動，證明我對種植物這件事真是苦手。不拿手原來也是有味道的，自己吃苦了，其實也讓你碰觸到的事物陷入苦境。我對它們很感到抱歉。

為什麼會想要種多肉植物呢？那陣子因為逛日本家飾店，看到東急手創館和LOFT都特別闢出專區賣多肉植物，感覺搭配家具擺設很合宜。又翻到男性時尚雜誌，恰好也做了布置住家擺設的特輯，於是覺得搬到新家一年以後，應該再對家裡的室內設計做一個小小的升級更新。最後覺得喜歡的家具是愈來愈齊全了，唯一缺少的就是一點綠色植物帶來的生氣。

可是問題來了。我不是沒在家裡種過植物。過去有好幾回經驗，從無印良品買了好可愛的觀葉植物回來，一開始也是好得很，但因為我偶爾一出差就要一星期，回來以後，它們已一命嗚呼。我不放棄，有一陣子決定改種仙人掌。仙人掌夠耐活了吧？但放久了以後漸漸覺得這種植物多刺的身軀，怎麼看都覺得拒人於千里之外。因為又完全毋需照顧，放在家裡很沒存在感。像不熟的房客來分租房子似的，保持禮儀但毫無互動關係。

最後聽朋友聊到多肉植物，才知道這類型的植物比較不需要澆水，照料方式較為簡單，符合我的生活方式。於是，我便去店裡花了很長的時間，挑了三盆葉子較為蓬鬆的多肉植物，興高采烈地帶回家。

我認真地研讀栽培說明書，上網找資料，還在臉書加入多肉植物的社群看大家的討論。從那天起，無論從澆水頻度到擺放位置與日光充足度等等，自認是很按照規矩來做的。朋友知道了，說我真是認真。我打趣回答他：「哥用的不是認真，哥投入的是真心。」

怎料真心換絕情，多肉們還是決定離開我了。

想起有一年去和歌山出差，跟前輩借住在他岳母的家。深夜，前輩的岳母忽然急急地喚出在各自房間裡的我們，我以為發生什麼事了，結果，她很開心地告訴我們，客廳裡的曇花開了。

曇花在日文中有個優雅的別名叫「月下美人」，是只有在月夜中才會現身的美女。我們幾個人盯著美女看，美女並不害臊，隨著時間流逝，笑顏愈來愈綻放。

曇花一現，拍照自然不能免俗。我們輪番拍照又合影過後，前輩的岳母興奮地從冰庫裡拿出冰淇淋發給大家。溽熱夏夜，咱們就這樣圍著曇花吃冰聊天，像舉辦了一場合宜季節的盛事。

我對植物苦手，但記得從前台北老家陽台上也種過不少植物。大多是老爸種的。有一陣子他迷上喝蘆薈汁，就種了一堆蘆薈，還強迫我們跟著喝。其中也種過曇花。夜裡，忽然發現曇花開了，要家裡所有成員，即使躺在床上已經入睡，也得立刻起床拍照。每個人都被要求換上正裝，我媽甚至還火速化了妝。如今，相本裡還能翻出大家跟曇花合照，努力擠出的笑容中帶著慵懶睡意的身影。

沒留意過從什麼時候開始，老家陽台上就再也沒有植物了。在和歌山深夜巧遇曇花那一天，我怎麼想也想不起來。倒是當年一家人跟曇花拍照的景象被喚醒了，情境依然清晰。

多肉植物健在時，原本打算在東京家裡的陽台上，再添購一盆高度至少到胸口的大植物，但現在卻有點遲疑。

葉子綠過了，花也開過了，接手的時候明明是那麼美好的，最後卻栽在自己手上。像害怕辜負一個人似的，我怕又給不出一盆植物想要的幸福。

12 起點的初衷

日本的電視節目，很喜歡做一種回到起點的企劃。通常是一個人，在背井離鄉多年以後，重返小時候生活的家鄉，看一看過去曾經居住過的街道和老房子，忍不住發出「好懷念哪」的悠長感歎。

一切從這裡開始。置換另外一個起點，或許就不會形塑出此刻的自我。起點也是人生階段的立足點，從這裡站穩了，跨出去，世界開始對你展示。

二〇〇八年三月，我從台灣搬到日本來。最初的一整年，都住在埼玉縣戶田市，直到隔年二月才搬離。

離開那裡五年多來，我一次也沒再回去過。說也奇怪，那地方距離新宿車程約半小時，其實不算遠，只是因為後來住的地方跟和生活範圍都在東京都內，沒什麼特別的必要，根本不會北上埼玉。所以五年多前，當我鎖上大門，最後一次回首居住的公寓，最後一次從那裡的車站搭車離開後，當地的所有一切，似乎全封緘在我的心中了。

直到今年的生日。九月下旬，秋意正濃的早晨，我決定在這一天暫停手邊所有的工作，為自己安排一趟特別的生日旅程。目的地就是重返我的日本起點。

搭乘埼京線，電車載著我抵達戶田公園站。那時候，幾乎每天早晨，我就是站在這個月台上，擠進電車前往早稻田大學。

冬天的空氣清澄，幸運的話偶爾能在月台上，遠眺到千里之外的富士山。想起曾在日文檢定考的赴試當天，等車時忍不住對富士山許了願吧？異鄉的孤單靈魂，一不小心，就會對大自然傾訴過多的心事。

一出車站的收票口，就被煥然一新的車站商場給嚇到了。以前昏昏暗暗的狹窄店面，竟全部改裝成明亮的空間，幾乎認不得。站在高架車站的二樓，準備拾階下樓時又嚇了一跳。站前的建築和道路，怎麼全變了呢？我獃在原地怔忡起來。這樣走下樓，我該從哪條路，才能走回我曾經熟悉過的住家？

咦？不對啦！是我搞錯出口了。呃，真不知道是隔了五年太久，或是記憶力衰退，居然在這裡曾經住過一年，連回家的車站出口都搞錯。趕緊跑到對面一看，熟悉的道路構圖所幸沒有背叛我。

沿著過去走的路，前往從前的住處。沿途經過的兩座公園，令人意外地都封鎖了。工程進行中，正在興建市民中心與圖書館。

我不會忘記，上下學時總會穿過的公園，曾讓我擁有了第一次目睹到整片櫻花樹海的感動。公園裡曾有個畫著西瓜頂的溜滑梯建築。那段時間，我正在寫作一本成語少兒讀本。主角們衝鋒陷陣到許多奇幻的國度，其中有個地方是西瓜國。所有的建築都是西瓜皮狀，那裡的居民頭上都必須頂著西瓜皮才能出門。小讀者們後來與我分享心得，說真想去那爆笑的國度看看。而那國度，最初的靈感，其實就來自這座如今掩蓋在工程中，建築已消失的公園。

終於，看見了過去住宿的兩層樓公寓。外觀沒有什麼太大的改變。我繞到公寓另外一側，看見居住過的那間房，窗外晾曬著洗滌過的衣物。原來，現在住的是女生了。

曾經攜帶著期待與忐忑的心情，窩進那個小小的空間裡，就從那裡起跑，開拓了我的第二人生。我覺得自己現在過得還不錯，那麼這間小房，風水應該不差吧。心裡默默祝福著現在居住的主人，也能實踐心底小小的夢想。

來日本的第一年，所有的事情都新鮮且有趣。生活裡看似沒有不順遂的事，但並非真的沒有，而只是心態的詮釋。如今就快滿七年了，不是過客也並非暫居了以後，生活的煩困和瑣事也逐一原形畢露。可是我不斷告訴自己，不要對習慣的生活痲痹；不要變成一個不知足的人；不要只去在乎那些不愉快的人事，變成一個只愛抱怨的人。

忍不住爬上樓梯，從二樓鳥瞰公寓前的景致。某個隆冬的深夜，我拎著垃圾準備下樓，就是站在此處，眼前看著的這個角度，迎接了我在日本生活的第一場雪。那時的興奮和激動，彷彿現在站在這兒還是能夠感覺得到。

那種純粹的，因為一次花開，一抹雲彩，或者一場降雪而帶來的感動，就是起點的初衷之心。

在生日的這一天，我來到我人生中的某一個起點，與二〇〇八年的自己重逢。我告訴他，我還跳動著跟你當初同樣的脈搏，還抱著一顆不變的初心。有些人離開了，也有些人加入。世界悄悄地在改變，天空還是同樣的一片。我會繼續努力地走下去，在生活被命運敲碎成悲歡離合的碎片之前。

13 生活四帖

——之1

東京有一股味道。那是一股當你走出機場大廳，站在利木津巴士候車站牌前等車時，就能聞到的一種乾淨氣味。

彷彿踏入一個剛剛被消毒濾淨過後的空間，在清澈的空氣中，呼吸變得輕盈了，嗅覺敏感地漸次甦醒。

那是在台灣很少會有的一種嗅覺經驗。就像是畫質被提升的高清影片，許多色調都突然從含糊之中，清楚明白地跳躍出來。

後來聽人說，大概是因為這座城市的空氣總是非常乾燥，再加上氣溫冷冽的緣故，味道在空氣中飄散的路徑，濃薄遠近，自然和熱帶的南國很不同。

那樣的味道，我曾經能夠聞得出來。曾經。

設計學校認識的台灣同學阿文，四年前畢業了回到高雄以後，一直沒有再到東京過。上個月他終於來了。我和他，以及畢業後留在東京工作的共通朋友重聚。我們問阿文，這麼多年重返東京，感受如何？他不假思索地回答：「一出機場，就聞到那股令人懷念的味道。」

不知從什麼時候開始，我便沒注意到那一股東京獨有的味道。

和我同樣久居東京的台灣朋友說，那是因為我們早已習慣了。習慣了這座城市的空氣；習慣了城市的語言、規則與人際關係。當異鄉的旅行變成日常生活的作息，差異感就會逐漸消逝殆盡。

習慣，讓人擁有，同時也會讓人失去。

如今因為工作經常進出機場。往台北飛，更往日本國內的各個城市飛。我常常趕著飛機出差離開東京，返抵時拖著疲憊的身心只想趕緊回家休息。

味道在空氣中消失了嗎？只是我失去了那股嗅聞的能力。

又或者，一切並沒有改變。

我只是需要停下腳步，來一次靜靜的，深呼吸。

——之2

秋意上心頭，氣溫微涼得恰如其分。明明應該是個很舒服的好季節，卻是我走在東京街頭時，最艱辛的一段日子。

罪魁禍首，是秋日的花粉症。

習慣了東京的空氣以後，體質也不知不覺開始改變。

許多人都說外國人初到日本居住時，並不會對花粉過敏。但住了幾年以後，終於也就會患上這個被稱為日本的國民病。我也是這樣的。一開始以為是感冒，後來才意識到是有了花粉症。

然而，大多數的人患上花粉症都是在春天，病因是對杉木飄散的花粉過敏，但我卻是在秋季。

在家開著空氣清淨機大致上沒事，但只要一走出門，一個不知名的觸發，噴嚏爆發，鼻水潰堤，恍若天地崩蹋，永無止息。

「你對豬草過敏。」

公司的日本前輩用一種鐵口直斷，遺憾的神情對我說。並且告訴我，這時節會讓人鼻子過敏的，是來自一種名為「豬草」的花粉。

豬草？乍聞之際，實在不是個好聽的名字。杉木至少還感覺優雅一點嘛，但對豬草過敏？總覺得不太高級。

據說近年來，在秋天的日本，對豬草過敏的人愈來愈多。從前，緩和花粉症狀的過敏藥在春天賣得最好，現在到秋天也變成暢銷藥品。讓我幾乎要懷疑，那些蔓延的豬草，會不會根本就是藥廠去偷偷栽種的？

因為這樣，一年之中，東京街頭戴著口罩的人也增加了。

早晨上班通勤時間，電車中原本就面無表情的東京人，因此換上了另外一張臉。本來就不輕易表露內心想法的日本人，這一回掩蓋起臉孔，誰是誰，至此分辨不清。

只剩下一雙眼睛。偶爾在擁擠的車廂中與某人四目交會，彼此目光停住，眉心一皺的霎那，不禁內心一顫。

我們，是不是在某個暗夜裡曾經相遇？

不要看穿，也不能說破。

那是在東京生活，偶爾必備的，一種循規蹈矩的秩序。

——之3

喜歡上這座城市，其中一個原因，是從交織如麻的電車路線開始。

是怎麼樣的一種縝密思維，加上執行實踐的魄力，才能讓一座都會，無論從地上或到地下，都布滿著通往各處的電車軌道呢？一直覺得這樣便利的交通網，就是人類建設都會的偉大表現。

剛搬來東京的前兩年，認為有一天要是熟悉了條條地鐵的轉車方式以後，就算是個在地的東京都民了吧？但是後來才發現，幾乎大部分的東京人，也只是熟悉自己慣常搭乘的那一條線路而已。

不同的地鐵與電車公司，從出發地到目的地，如何盡量在同一家體系內轉乘，車資才最便宜？時間才最節省？同一條路線上有很多能夠轉乘的車站，但該在哪一站轉車，兩個月台的距離最近？這些難題，多數人在搭車前，仍不免靠手機查詢。

這兩年，我卻漸漸以為熟悉東京，並不在於清楚怎麼搭車而已。相反的，要知道怎麼不用搭車跟轉車就能抵達目的地，才稱得上是所謂的在地。

原來，很多點跟點之間，在地鐵圖上看起來相隔一段距離，但只是轉角的鄰居。不熟悉的人，循著地鐵圖移動，轉來轉去才能到想去的那一站。其實，常常是走路還比轉車更為節省時間，一條捷徑幾個轉彎，就能抵達目的地。

習慣了東京以後會發現，都心沒有想像中的那麼大。

所有以為撲朔迷離的複雜性，意外地都有著未知且極為簡單的另一面。

——之4

在東京搬過幾次家，前兩個住的地方，從最近的車站到公寓都要走上將近十五到二十分鐘的路程。直到第三個住處，終於離地鐵站出口很近了，徒步兩分鐘就能抵達公寓。

跟我一起歷經過搬遷史的家人與朋友，比我還開心。覺得以後來東京寄宿，終於不必再走漫漫長路才能到家。

怎料，才過兩年，我又搬了家。新住處距離地鐵站，大約是徒步五分鐘的距離。五分鐘跟兩分鐘看似沒什麼太大差別？搬家後的這四個多月以來，我卻感覺這短短的三分鐘之差，讓回家的路途變得很不一樣。

多了一首短歌的距離，多了一點思考的時間，也多了沉澱心情的緩衝期。於是，想起過往花上十五分路程回家的日子。我有許多生活的反省，書寫的想法，都是在那段路程中慢慢累積而成的。

搬到新家以後，回家時，偶爾我甚至會刻意繞一條路走。倒不是要為了要發現什麼不同的街頭風景，可能只是尾隨一隻常在附近出沒，看起來很孤零零的黑貓，想看看牠今天會往哪裡去。

前兩天，我發現黑貓在建築之間的窄巷，居然會見了其他的貓咪夥伴。正想要看清楚時，牠們卻一溜煙竄走，全無蹤影。讓我懷疑這條街衢，很可能存在著只有牠們才知道的隱形祕徑。

在這座以為習慣了的城市，我想，依然還有許多等待我解讀的訊息，以低調的氣味，藏在分分秒秒的呼吸裡。

回家的路上，感覺天氣突然冷了。不知道今年的冬天，東京會飄下幾場雪呢？仰望著天空皎潔的月亮，我開始有點期待，在新家迎來的第一場雪。

14

人煙湊集的時光川畔

沒想到又搬家了。幾個月以前，因為跟遠方家人的種種規劃，滋生出換屋的想法，離開居住了兩年多的公寓。見機行事且打鐵趁熱，向來是我們家人的性格。就在盛夏六月下旬，我的生活圈從靠近神樂坂、江戶川橋地帶，一腳跨過都心的皇居，正式踏進隅田川畔的中央區。

中央區比較為人熟知的地區，包括了日本橋、八重洲（東京車站）、銀座、築地和月島等地。如今，這一帶看起來主要都是高樓林立的繁華商業區，事實上若仔細散步穿梭在巷弄之間，仍會發現殘存著不少懷舊的老屋，盈滿下町的老舖風情。畢竟，整個江戶的發展史，這一帶該算是東京的源頭呢。

這麼說起來，商業起家的中央區彷彿跟日常生活的形象連結不太起來。結果，意外地在鬧區邊界，原來也存在著不少寧靜的住宅區。經常進出東京車站和日本橋，常在銀座逛街，也去過築地和月島盡享美食，偏偏就是在這幾區交叉而出的一塊地方，是過去少有注意也未曾踏足過的。這區域大約是從銀座一丁目和東銀座的邊緣開始，往築地的方向到隅田川為止，有一塊地帶名為新富町、入船、湊和明石。

過去數十年來，這塊地帶給人的印象總很薄弱。直到這兩、三年來，由於都心土地的飽和，這一帶反而成為中央區唯一剩下可供大規模都更的區域，故開始出現許多住宅或結合餐飲的辦公設施之興建。二〇二〇年東京奧運決定後，隔一條河就是會場，一時之間這裡彷彿也就充滿了可能性。

銀座無法容納的店家，逐漸延伸到新富町周圍，讓周遭近年來多了一個外號，稱為「裏銀座」與「紅酒吧聖地」。原來這裡的白領階級為數不少，大家總喜歡在下班後喝一杯，在新富町一帶的巷弄裡，便開始聚集出不少蔚為風潮的「紅酒吧」。其實更像是改良過後的新型態日式居酒屋，只是啤酒非主角，而是各類的紅酒引領風騷。

然而，搬到這一帶來的我，其實最先注意到的，倒不是這些潮流酒館或都更的未來性。最初，真正引起我興趣的是這裡的地名，暗藏著許多時間的祕密。

比如「湊」的地名由來，一是與日文的「港」同音，但漢字不寫港，而取「湊」，說的是人潮聚散湊集之意。

依偎著隅田川畔的湊町，從明治年代中期就扮演起水陸輸送要衝的角色。從東京灣入港的船隻，要到日本橋做生意，沿著隅田川來到這裡停靠上岸，人煙湊集，故得此名。何以湊町的隔壁要叫做「入船」呢？這樣也就得以理解了。湊町有一古老的神社叫做「鐵砲洲稻荷神社」，因地緣關係，從以前就是海上守護的象徵。江戶時代，幾乎進到關東的柴米油鹽等民生物資都會經過這裡，鐵砲洲稻荷神社遂成為保佑物產豐隆，金銀富貴的神祇。

搬到新家的第一天傍晚，身為「新參者」的我來到鐵砲洲稻荷神社參拜請安後，便四處閒晃了一番。發現過去居住的地方，有很多出版社和小印刷廠；巧合的是，新家附近也不少。在路標看板上尋找方位，看見原來芥川龍之介是在這一帶誕生的啊！想起過去居住的早稻田一帶，則是夏目漱石的誕生地。

隔天，公司裡的前輩問我：「從早稻田搬到新富町，不僅兩地距離有所相隔，風格差異也很大呢。你能適應嗎？」

對於一個寫作的人來說，所有的移動，都是補給的泉源。風格不同，感受以後，每一行句子，每一條街，都必有收穫。

於是，我笑了笑回答他：「嗯，沒問題。我只是從夏目漱石，換成讀芥川龍之介而已。」

15

時間找路

搬來新家，一晃眼就屆滿兩個月。這兩個月來還處在一種觀察的心態。觀察著家裡，是否應該再增添些什麼才更完整。那是因為以前住的公寓只有一個房間，現在住的地方把寢室和飯客廳分開了。空間大了，過去沒思考過的需要，如今就慢慢地浮現出來。例如，客廳沒有時鐘這件事。

在房間裡打電腦，隨時都能確認時間，手機也放在房裡，按一下就知道。但走到客廳，總不會隨時還拿著手機吧，於是這兩個月就經常發生人在客廳，突然想知道現在幾點時，卻陷入時間迷走的迴路裡。

所以昨天終於還是買了個時鐘，掛上客廳的牆壁。回想自從我來到日本，這幾年來不管搬了幾次家，竟然從未買過時鐘呢。昨晚，當我做出這個歷史性的決定時，一個人在深夜靜謐的空間裡，看著牆上秒針行走的剎那，突然真切地感受到，無論這棟房子過去的擁有者是誰，住過什麼樣的人，此時此刻，我就是這裡的主人了。我擁有了對這個空間裡流動的光陰，一個時代切片的解釋權。

「電波時計」（電波鐘）這種玩意兒也是第一次使用。所謂的電波鐘，就是會接收電波而自動對時的。由每十萬年才會有一秒誤差的原子鐘所控制，在日本有兩個電波發射訊號站，分別在北方的福島和南方的九州。日本賣的時鐘大多數已從石英鐘進展到這種電波鐘了。

拆箱後裝上電池，按下「強制接受電波」按鈕，指針就開始快速轉動。可不是見鬼囉，這代表收到訊號了。最後，指針會停在四點、八點或十二點。接下來則要等十六分鐘。十六分鐘後，指針會再次自動快速轉動，走到正確的時間位置。說明書上寫著，如果第一次對時失敗了，請把鐘放在靠窗的地方，讓它睡一晚，第二天應該就會抓到正確時間。

原來時間有那麼人性的一面，不是都殘酷的呢。畢竟從那麼遠的地方趕來，想必是夠累的了。這大概是所有精準的電波鐘，一生一次，唯一被容許的慢慢來。

對時成功後，看見LINE傳來了住在東京的台灣朋友園園的訊息。

園園休了一個多星期的假，昨天回到台北。因為此行最大目的，是要帶著她的日本男友初見父母，所以出發前戰戰兢兢。上一輩的父母對女兒若真要嫁給一個外國人，總還是有著些擔心的顧忌。園園用心良苦，希望家人改觀。行前教男友暗記了很多應對進退的中文招呼語；到伊勢丹百貨買高級土產；還在網上找好適合的餐廳，準備讓男友宴請父母。

LINE上的園園在報平安之際，仍顯得緊張。群組中的好友們紛紛鼓勵她，我則有些心疼她的無助和壓力。但是園園，既然時間會自己找路的，我想緣分也是的。許多事情的開端都得慢慢來，對準以後，就會精準地走在該走的路上。

04東京好朋友

兩個人契合成好友，
讓我再次深信，
所謂的緣分大抵沒什麼理由。
只是一種不知道該怎麼解釋時的解釋。

01

智子的信

深夜收到一封電郵，是寄到事務所共用的群組信件。事務所對外雖然掛著我們公司的名稱，但實際上有不少個人工作室進駐在此，以東京近來忽然變得很時興的share office型態（雖然我們很久以前就這樣了）運作著。事務所裡所有人的電郵，都加進了這個群組名單裡，只要寄出一封信，所有人就能收到，有點像是這間share office的電子布告欄。

有趣的是，這個群組名單只進不出。凡是在事務所待過、租過辦公桌的人，只要自己不退出，網管也不會把你刪掉，你永遠都能收到信。

睡前，已經躺到了床上，手癢滑了一下手機，便看見深夜的這封電郵。來自事務所裡的小池小姐，好心地詢問大家，手上有一個採訪專題的案子，預算不差，有意願想接的人請回信。翌日清晨，看見已有回覆的郵件泊在收件匣裡。是已經離開事務所好幾年的智子。

然而，當我打開智子的信時，睡眼惺忪的我，忽然瞬間清醒。

智子好像（又）酒醉了，在酒酣之中寫下這封信，非常口語的敘述，全篇沒有一句敬語，而且還不時冒出繪文字。以一種HIGH到像是今天就是東京奧運會的氣氛，強烈表達：「謝謝小池總是為人著想！我要、我必須要這份工作！」

我對智子的印象，是她總是一身波西米亞風格的穿著，嗓門有點大，很容易嗨起來，然後就像是喝醉酒一樣（有時其實並沒喝），常會冒出一些不著邊際，讓人不知該怎麼接下去的話。可是，不管再怎麼瘋、關係再怎麼要好，一旦回到公務信件的書寫時，絕對仍是嚴守敬語，一板一眼的格式才對；這才是日本人。像是智子今天的這封信，實在太反常了。

更令人吃驚的是講完公事以後，信末，智子宣布：「有件超快樂的事情忍不住要說。那就是，我，有喜歡的人了！他就是我命中註定的理想！」洩出一連串誇張的繪文字之後，緊接著便是她對那個男人的細緻描述。

我立刻明白了，這是一封迷路的信。智子一定搞錯了，以為是小池單獨寄給她的信，才寄出一封如同回覆朋友手機訊息一樣的內容吧。真是尷尬。我不禁想，換做是我，該怎麼圓這個局呢？

過了好幾個小時，都已經開始一天的工作了，包括那封信在內的群組郵件，始終沒有人接話。迷路的信被假裝忽略了，但整個早上，每個人心中最在意的事情，肯定都是智子的這封回信。

解鈴還需繫鈴人，所幸不久之後，智子自己又發出一封信。恢復了敬語的書寫，她正經地向大家道歉，很自責發出這樣一封帶給大家困擾的私事郵件。

壅塞的隧道總算疏通，眾人停滯的郵件終於又開始往來。公事的內容之前，全是恭喜智子有了心上人，要她加油，並歡迎隨時回來事務所——不只討論工作，也歡迎進行「戀愛相談」的諮詢。然後又收到了智子如釋重負的回信，大家便用一種開玩笑的口吻，讓這件事情圓滑地過去了。

因此我常常覺得電子郵件真是一個不可怠慢的對象。那麼方便又那麼恐怖，它會為你成就不少事，也可能瞬間毀掉你。

要是傳統信件，你真想攔截時，趕緊跑去郵筒或郵局死守郵差收信，不然就是擋在收件者的住處前，還有亡羊補牢的可能。但電子郵件寄出就是寄出了。而且就算你再怎麼仔細檢查內容跟收件者無誤，也最好避免在信上說別人壞話。因為只要對方轉寄郵件或螢幕快拍，都是呈堂供證，燒也燒不掉。

設計電郵和LINE這類型通訊軟體的工程師，大概是知道科技再怎麼進步，也必須堅守「人性規則」這件事。因此，我想若讓發信者刪除、修改或擋掉已經發出的信件內容，絕對不是太難的事，但他們卻堅持不那麼做。即使是臉書的貼文可以修改，也在人性規則之下，讓眾人能看見你文章修改的過程。

那個早上，不知道智子是否很懊悔。畢竟全公司（包括已離職的）人都獲知她戀上一個人，並且是有多麼地愛。但我想以她的個性來說，應該早就不在意這件事了。就算日後聚會有人再提起，也會在她哈哈大笑幾聲中淹沒。

有時想想，這種性格還真是好。不在意尷尬，不介意丟臉，其實年紀也不輕了，活到現在一定也有不少磨損理想的障礙吧，但依然能對戀愛畫上許多的驚歎號。大概正是需要這樣勇往直前的衝勁，才能夠不斷地活在愛裡吧？最好還要帶一點恍神的醉意。就算沒喝酒，也得有自醉的能力。

02

古川的三個姓氏

在我工作的辦公室，社長將多餘的空間弄成share office租給自由工作者。工作的人來來去去，但只要你願意，彼此的關係可以進展得像是朋友。因此，有什麼年度聚會舉辦時，社長也不吝於宴請曾經在這裡租過位子，但如今已經退租的老朋友。古川小姐便是其中一人。

古川小姐的工作很特別，是電影監製，以前獃在辦公室裡的時間就不多，常要跟合作的導演在外頭跑來跑去。後來退租後，因為跟社長早已是認識超過十幾二十年的老朋友，聚會時也都會回來。然而，比起工作背景來說，古川小姐還有一個更特別的事情恐怕更為搶戲，那就是她擁有三個姓。

日本女人結婚後就會跟著先生冠夫姓，所有的證件都必須全部更改，從以前到現在都是如此。古川小姐結過兩次婚，姓氏曾改為松浦和高橋，古川則是她的本姓。我認識她不久以後，有一天，就收到她寄給大家的信，告訴我們她離婚了，從今天起喚她時，請從高橋改成古川。

那一陣子，她的名片還來不及重印，跟人初次見面時拿出來的還是「高橋〇〇〇」的名片。名片還沒給出手，先自己拿起筆來現場改字，總成為話題的梗。有趣的是，她的email帳號上用的還是高橋的拼音。原因是改email太麻煩了，會失去許多工作上的客源。

二、三十年的工作資歷算很豐富的她，因為性格開朗，結交很多朋友。這些朋友分別在不同的時期認識古川（或松浦或高橋），後來因為工作環境轉換，可能就沒有再追蹤古川的生活進度。因此，每個人記住的都是那個時候，古川冠夫姓時的那個姓氏。像是我家社長，現在喚她雖然是換古川；寫電郵給她時email帳號打的是高橋；手機裡通訊錄上登錄的卻是最早的松浦。聚會時，大家酒喝多了，喝醉了的社長情緒高漲起來喚古川時，總是搞不清楚，要把三個名字全部點名一遍。還好古川一點也不介意，還建議大家應該更親暱一點，從此以後直接喚她名字就好，而非姓氏。

「因為，說不定還會再結婚改姓啊！」她自嘲。

女人結婚冠夫姓，對台灣人來說大概是上上一代的傳統了。古川小姐的三個姓氏（且不排除還會增加），在乎女性意識的人眼中，肯定會覺得日本果然還停留在父權主義的時代。不過，對於視為理所當然的日本女人來說或許並不在乎。

就像是結婚離婚兩次的古川小姐，看似活在父系霸權下，但其實骨子裡女性主義得很。即使改姓麻煩，她還是要追求真愛。不管別人怎麼看，只要有幸福婚姻的可能，姓氏改幾次都可以。

03

青春只有一個USB大小

常常進事務所時，遠遠地就看見了靜姊的背影。傍晚我下班時，她也比我晚走。有一次目擊連續兩天都是這場景後，我忍不住開玩笑說：「我希望下一代的iPhone，電池至少有靜姊一樣的續航力。您四十八小時都坐在這裡嗎？」

然後靜姊就會溫柔地笑起來，像個導遊回答旅客一樣解釋道：「公寓離事務所很近，很快就能回來馬上投入工作狀態。」接著她很配合我，帶點無厘頭的口吻誇張地說：「我熱愛我的工作，這就是我的世界，進來就捨不得離開！」最後用手比畫了一下她座位周邊包含書櫃，那兩個榻榻米大小的空間，然後回馬槍地補上一句：「張桑，你也要熱愛你工作，坐在辦公桌前久一點，好嗎？」

是是是，不好意思！我的續航力一向很弱，常需要去購物中心充電才行。

那天進事務所時，看見平常一向專注地面對電腦敲打鍵盤，參考資料擺了一桌子的靜姊，什麼事情也沒做，一副困坐愁城似的表情坐在位子上。

「我的電腦好像壞了。」她無辜地說。

我看著她那台型號好舊的iMac，可能是十年前的機種了吧，白色的塑膠框邊貼滿工作用的便條紙，偌大的白色鍵盤也已經泛黃。

「可以了啦，換一台新的吧，這台夠本了。」我安慰她。

「那至少要先想辦法把硬碟資料救出來。雖然重要的工作資料其實都已經備分了，不過還有很多信件跟照片什麼的，沒有備分到。」

「既然平常沒有想要備分起來，就代表不是很在乎的東西吧。」

「青春！這裡面都是我的青春哪！」靜姊的雙手抓住電腦螢幕說道。

那就真的很重要了。畢竟誰的青春能夠備分呢？再怎麼用各種方法試圖記住輕狂的歲月，也比不上原原本本的紀錄。

好不容易在事務所的另外一個前輩幫忙下，靜姊的硬碟資料總算救出來了。

「全部的資料就在這一個ＵＳＢ裡嗎？」我問。

靜姊拿著ＵＳＢ靠近嘴前，像是導遊在遊覽車上拿起麥克風似的，語氣和緩，表情溫順地對我廣播：「是的。青春的日子總比你想像中來得短又少。」

04

夜宿迪士尼

原來夜宿迪士尼是一件很讓人羨慕的事。前兩天因為好友莎莎慶生的關係，我們一行六人訂了兩間房，入住東京迪士尼飯店。當我把消息貼在臉書上時，短時間獲得的迴響超乎想像。我才知道原來有這麼多人都對這件事，擁有莫大的憧憬。在旅行社工作的朋友，帶著一種「你別身在福中不知福」的口吻告訴我：「那可是又貴又難訂的！」

莎莎是我心目中的迪士尼女王。住在台北天母的她，從小到大去過迪士尼的次數，可能遠遠超過去西門町。她的時間度量衡，大約就是以哪一年去迪士尼為標記的。只要算出去迪士尼的年分，生命中前後發生的事情就能拉出清晰的座標。她告訴我們：「如果有一天連去迪士尼的細節都記不清楚時，就代表我老年癡呆症了。」

我有幸夜宿迪士尼，全託了莎莎過生日的福。我跟著她去迪士尼大概也有三次，但這一回有歷史意義上的不同。早在半年多前，莎莎就決定了要在東京迪士尼開園三十週年慶時再訪（其實去年她也來過），而且要選在自己生日的那天，買二日券連玩兩天，同時夜宿迪士尼飯店。就是因為這個契機，我才有機會夜宿迪士尼。

照理說我們這群朋友，很應該要請壽星的，沒想到網路上查了住宿費，再加上門票種種花費，發現我們真不是混上流社會的。最後，經濟能力所及只能做到各自平分。總覺得對壽星不太好意思，只好在飯店房間裡搞點慶生花樣來做為補償了。還好莎莎一點也不在意，因為能玩兩天，還能住在她夢想中的樂園裡，她已經夠滿足。

那麼迪士尼飯店到底有何特別呢？對於我這種「非迪士尼粉絲」的人而言，忍不住就以採訪的角度去審查一番了。結果發現我在意的，都是好雞毛蒜皮的小事。比方說，房間吹風機的品牌沒見過，聲音超大；廁所的免治馬桶，居然便座的蓋子不能加溫；這麼貴，還沒附早餐；或是怎麼沒有大眾溫泉浴場等等。總覺得以其房價來說，應該具備一般日本大飯店都該有的設施配備。然而，我這番話，聽在迪士尼超級粉絲的耳中，顯然是會覺得我搞錯方向了。

想想也是，對迪士尼的超級粉絲來說，其實只要光是能住在樂園裡過夜，就已經夠特別了。以前總是在關園後，得拖著疲憊身軀擠電車回家，但住在迪士尼飯店就能在賣店逛到十一點再輕鬆回房。難得可以在漫步在深夜的迪士尼園區，看見人去樓空的樂園仍閃爍著靜謐的光芒，也是別有風情。拿了遊樂設施的Fast Pass等待漫長的入場時間時，還可以回飯店房間小躺一下，想來也挺奢侈。最後還能享有正式開園前，比一般人提早十五分鐘入園的特權。

提早十五分要幹嘛呢？要是問莎莎的話，她大概會告訴你：「就能提早跟男朋友合照啊！」男朋友？我不知道原來在生日這天，連男朋友都準備好了？轉身看見站在入口的米老鼠，向湧向拍照隊伍的粉絲們招手時，我才恍然大悟。

05
知日小鹿

小鹿是我在微博上認識的大陸讀者。去年年初，旅記《一日遠方》在中國大陸發行簡體版後，他找到了我的微博來留言，於是認識到這個遠在四川成都的大男生。小鹿說他讀了我的書以後，成天就紙上漫遊日本，希望有朝一日能踏上這個國度，見見書裡寫到的世界。

時隔不到一年，沒想到他真的實現了願望，上個月從櫻花盛開之際踏進關西，一週後又在櫻吹雪時分玩到關東。旅程的最後一天，在即將趕去機場的前幾個小時前，還跟我碰到了面。

那天，我們約在銀座新開的東急廣場吃午餐。小鹿十足地溫文有禮，就像過去我在東京認識到的大陸年輕人，都是因為喜歡日本文化而來到此地的。台灣對狂愛日本的族群稱做「哈日」或「親日」，而大陸則稱為「知日」。小鹿算是知日派的代表吧。他們是一群從歷史仇恨中走出來的知識青年，對日本社會文化具備（或者想要有）深刻的知曉與理解。倒並不是偏激地想變成日本人或到日本生活，而是期望藉由「日本為什麼可以？」學習日本文化的優點，有一天好讓國內的素質也能迎頭趕上。

見面後，小鹿重述了一次對我的書的讀後感，接著便與我分享他這些天來的旅途心得，以及為了這次的自助旅行，他事先做了多少的準備。

原來在出發前，他花上將近十個月的時間計畫，看過上百篇的遊記，還挑出好幾本文學書，包括村上春樹的《挪威的森林》來讀。甚至連美國作家分析大和民族的艱澀文史書《菊花與劍》也看了。不過，最令我佩服的是他竟然為了這趟旅程，還特地花上三個月的時間去學日語。

「雖然現在也只會非常簡單的對話，不過我想，要了解一個國家，除了親自去到那裡以外，就是學習他們的語言吧。」

小鹿說，學日文把他帶進對日本更深一層的認識。就像幾年前，他曾經申請志工去泰國偏遠的鄉下教中文。當地人英文很差，他非得學習一點泰文才能跟他們溝通。也正是因為學習了泰文，他足以跟當地人有更深一層的交流。當地人從他身上學習到中文，他則從他們的身上學到不同以往的世界觀。

我們吃完飯後在日比谷公園亂走，最後散步到皇居前。小鹿默默地拿著手機專心地捕捉四周風景，每拍完一張，又凝視著品味。

時間走到他差不多得回飯店拿行李的時候。在地鐵站前道別前，他又回首拍了幾張照片，淡淡地說：「日本的街頭，就是給人　種舒服的感覺。」

話才落盡，一群說話音量豪氣，一手拎著名牌購物袋，一手拿著自拍棒吆喝親友拍照的團體陸客，急忙慌張地在我們身旁閃過。有一刻我差點以為，那些人和小鹿並非來自於同一個國度。

回想起來，我在日本各地遇見像是小鹿這樣的大陸旅人也是不少的。不禁在想，日本也好台灣也好，總有不少媒體喜歡報導陸客出國旅遊的醜態，久而久之在封閉而鄉愿的圈子中，就凝聚出一股既定的負面力量。於是，許多人就是選擇性地看，也選擇性地恨。

但一竿子打翻一船人，到底是太情緒化的。學著主動去認識一個地方，而不只是接收資訊，明白看見陰影時，也就同時會有光源的存在，那才應該是身為一個旅人的最佳視野。

06

一人燒肉店

日本雖然也有「中秋明月」這樣對中秋節的稱呼，但只像是月曆上的節氣一樣，並不會特別過節。當然，更沒有台灣的中秋烤肉文化。然而，今年中秋不太一樣。整個東京至少有一個日本人，一個日本女人，跟台灣人一樣也在中秋烤肉。而且重點是，只有她一個人。

認識竹國小姐是一年多前的一次出差行程。她是我們公司合作的廠商之一。那天晚上，在採訪行程結束後，大夥兒在燒肉店吃飯慶功。三十歲而目前仍單身的她，酒喝多了突然吐露真性情。

竹國小姐說，她其實很愛吃燒肉，但一個人，尤其是女生，很難走進桌桌圍爐的燒肉店。就算是有勇氣走進去了，菜單的設計也不是針對一個人份的，很難點餐。因此，有時候下了班臨時想吃燒肉，朋友的時間又不能配合，就只能去超市買肉回家自己站在瓦斯爐邊燒肉吃。

「難道沒有專門為一個人，一個女生服務的『單人燒肉店』嗎？」

在場的一個台灣女生馬上告訴竹國小姐，其實我們台灣百貨美食街都有一人一小份的涮涮鍋、壽喜燒或韓國燒肉喲，她就常常一個人去吃。

這番話令本來就愛台灣的竹國小姐，一方面更加嚮往台灣，一方面也更加感歎了。我想想確實如此。日本雖然有很多地方適合一個人用餐，但像是燒肉店、火鍋店這種餐廳，總還是兩人以上聚會的場合。況且日本用餐環境常不知不覺地很有性別分類意識，一個OL自己走進燒肉店，竹國小姐自己也不太習慣。

今年中秋節的前幾天，我跟竹國小姐因為另一場會議而久別重逢。上回一起吃飯的台灣女生也來了。會後講到台灣過中秋，不免就又提到烤肉；一提到烤肉，話題便接回了上次竹國小姐的感歎。

「對了！」台灣女生突然睜大眼睛對竹國小姐說：「我前陣子吃過一間單人燒肉店喔！店名就是『一個人的燒肉』！我吃的時候就想到，這不是竹國小姐妳曾經想像的一間店嗎？」

今天早上，我收到竹國小姐的簡訊。她告訴我，昨天晚上臨時起意，決定「提前一天中秋烤肉」了。

原來，她去了那間單人燒肉店。店裡的裝潢跟「一蘭拉麵」很像，每個座位都像是K書中心般，用層板一格格地分開，不打擾到彼此，也不會看見別人目光。因為是針對一個人，點肉時不是整盤，而以單片計價，還可組合各種部位。

就這樣，竹國小姐在這個週末，終於一個人走進燒肉店。

喜歡台灣文化的她，嘗試了生平第一回的中秋烤肉。縱使日本不過中秋，她卻有了一次難忘的中秋節。

07
他們這樣愛台灣

收到了日本朋友誠君傳來的手機訊息。久未謀面的他，信中簡短幾句，只說他昨天買了我們公司出版的台北導遊書，然後就以「於是決定明天飛去台北」做為結語。

誠君這趟旅程可媲美大明星宣傳的旋風之行。從啟程到回程的班機時間，居然相隔不到二十四小時。他的台北彈丸之旅是這樣計畫的：星期六下午抵達台北後去吃明月湯包，下午去犁記餅店買土產，晚上到饒河夜市逛逛吃小吃，深夜去誠品敦南店買書，然後翌日早上就飛回東京。

最近，日本雜誌強打到台灣度週末的特輯。三天兩夜的行程，星期五下班後出發，週日晚上回國。一直很愛台灣，稱為「哈台族」也當之無愧的誠君，只停一晚的旅行是把到台灣度週末給實踐到爐火純青的地步了。

在誠君的推特上，看見他抵達台北後不斷貼上網的即時報導。這小子竟專業到在博客來訂八三天的CD，送貨到指定的便利商店取貨。他幾乎無法說出一句文法正確的中文，卻走進了台北的美容院剪髮，像是完成自我挑戰似的心願，興奮地寫下：「我終於在台灣剪髮了！」

問誠君為何如此著迷台灣？得到的答案跟大部分的日本年輕人是一樣的。覺得台灣人對日本親切，是最能令人放心的海外國家；東西便宜又好吃；生活的節奏很悠緩。我們偶爾覺得自己人紀律散漫、服務擺臭臉或做事隨便的性格，旅人的他們卻覺得這不失為是一種真我表現的自由自在。

相較於年輕人，對年齡六十的長輩如我公司的社長而言，喜歡台灣多半是因為認為這裡保存著某種氣質，是他們年輕時所看見的日本。有一點點像是九州的某個地方城市；有一點點昭和的懷舊風味。

上個月，我回了一趟台灣。另外一個日本朋友賢太君知道了之後，決定挑我在台北的三天兩夜去玩，希望我這個（二〇〇八年以前的）在地人能為他導遊。在他身邊二十歲世代的同儕，很多人都去過台灣，在他耳邊打下不少口碑，讓他對初訪台灣的期待值超高。他說：「比我第一次出國的興奮感還高了十倍。」

他的期待值愈高，我的壓力就愈大。總覺得擔起了國家責任似的，很怕導遊不佳，砸了他對台灣的形象，此後再也不去。

整合了他的期望與我的提案，賢太君的「初台灣」行程大致是這樣的：第一天午前抵達，中午到台北一〇一的鼎泰豐用餐，吃完去四四南村晃晃，下午去迪化街茗茶，晚上到北投泡湯。第二天在阜杭豆漿吃完早餐後去九份玩，晚上到饒河夜市。最後一天到永康街，午餐後回一〇一做最後的土產採買。

許多我們理所當然，習以為常的事，在這個第一次到台灣的日本年輕人眼中，一切都很新鮮。而帶著他東奔西跑的我，在一旁默默觀察也覺得有趣。比方台灣的公廁清潔度，普遍來說他不太能接受。另外，幾乎日本人都不吃的臭豆腐，他也不例外。只不過是接近臭豆腐的攤子而已，居然就已被味道給嗆到直咳嗽。而我最愛的豆花，沒想到他的接受度並不高，因為覺得豆味太重。於是我才想起來日本人大致是如此的，覺得天生該是鹹著吃的東西，變成甜的就很怪。豆花（被認為是豆腐）和肉鬆皆是如此。至於在日本常賣的杏仁豆腐，吃起來口感不像豆腐，更像是布丁。

當然更多的是美味。比如原本對台灣茶沒啥印象的他，買了一堆茶葉回去。鼎泰豐的小籠包、饒河夜市的胡椒餅和滷肉飯，則分別獲得他入口時連喊三次的「YABAI!」，成為此趟旅行中「怎麼會好吃到這樣」的三冠王。

東西雖然好吃，但不幸的是那三天都在下雨，一秒也沒停過。

他來以前與離開後，台北都是晴天。我只能安慰他：「台北很久沒下雨，最近都在祈雨。你帶來了雨，算是幸運星。」最慘烈的是去九份時。基隆本來就多雨，山裡的九份，那一天更變本加厲。氣溫驟降，風又大，簡直像是刮颱風。我們的腳像是踩進水池子那樣，濕透了。

我在想賢太君可能覺得每天都濕答答的很掃興，對台灣的印象因此打折。所幸最後一天，他在到機場的回程路上說：「下次來，我還要再去一次九份。扳回一城，晴天的九份。」

語畢，他從背包拿出冷掉了的火腿蛋三明治開始吃起來。那是早上我帶他去美而美吃的早餐。對這種日本沒有的現點現做，而且什麼都賣的早餐店，他讚不絕口。吃完了自己的漢堡以後，咬了一口我的三明治，就決定外帶。

我還未回應，他又開口：「還有，下回要吃兩次小籠包。」

看來他就這樣愛上了台灣。而我又成功完成了一次國民外交。

我如釋重負又充滿成就感地回答他：「那有什麼問題。」

08 月台與陽台

日本朋友到台灣玩回來以後，手機的待機畫面設了一張在台北車站拍的照片。那張照片聚焦的地方很微妙，幾乎整個畫面只拍了方向指示牌上的「月台」兩個字而已。我問他為什麼？他回答：「這兩個漢字好可愛。」

他說，起初他在車站看到月台這兩個字，怎麼也想不透是什麼意思。車站跟月亮會有什麼關係呢？怎料，原來是候車站台的意思。知道以後就對這兩個字莫名的著迷。

我想起多年前剛來日本不久時，就被語言交換的日本學生問了這個問題。為什麼要叫月台呢？不就這樣從小到大自然而然用著的嗎？想都沒想過由來。或者從前學校有教過吧？但當下的我竟然怎麼也答不出來。查詢以後才知道，古代房屋的正廳入口，通往樓梯處常建有露天平台，適合登台賞月，是最早「月台」一詞的起源。又說是古代驛站的卸貨處，常建有形如弦月狀的高台，故日後衍伸用到了火車站。

至於日文中的月台則直接使用外來語，音譯英文Platform變成片假名來用。但荒謬的是他們不擅長發form

的音，遂尾音多數念成同home的發音。甚至更直接以home的片假名略稱月台，硬把月台變成了家。

中國大陸早就不用月台這個詞了，取而代之的是用站台。但怎麼看，站台這兩個字都乏味太多。因此，我那正在學中文的日本朋友說，他不要學中國的簡體中文，要學台灣的。不只正體字美，詞彙也保留了更多的歷史文化。

被朋友這麼一說，我忽然也對「月台」這兩個字尊敬起來了，覺得這兩個字看起來真是天生麗質。想起杜甫的詩句「賞靜憐雲竹，忘歸步月台」更覺得充滿詩意了。當然，別誤解杜甫當時是在月台上等哪班車來。

愛屋及烏，因為月台，我忽然也對「陽台」這兩個字另眼看待。陽台在日文裡也很無趣，同樣直接用外來語。英文的balcony和葡萄牙語的veranda兩者都會使用。

在日本待得愈久，愈覺得中文真是優美又有深意的語言。日文當然也有優美的使用方式，但所謂的優美，說到底就是句子中用了鮮見的，漂亮的漢字詞彙而已。我覺得日文有一個很大的問題，那就是太多的詞彙，特別是新的東西，都直接用外來語音譯使用，但中文大多數會另創詞語。在新創中文詞彙時，其實就展現了一種聯想力和創意。比如「Blu-ray」吧，日文就是直接用英文音譯成外來語，而中文則會借用漢字「藍光」兩字來翻譯，含義和美感都兼具。

自「月台」兩字以後，我那日本朋友前陣子又愛上了其他的詞語，大多是店家或品牌名稱。例如「可口可樂」和「百事可樂」的翻譯，經過我解釋以後，他簡直拍案叫絕，壓倒性勝過日文的外來語音譯。

最近，他開始試著從新聞網站的標題來找可愛的中文，不過卻是看得霧煞煞，跟教科書說的用法都不同。哪些詞不懂呢？我問他。

朋友於是從LINE上丟了幾個希望我解釋的詞彙，它們分別是：男神、小鮮肉、事業線、車頭燈，大秀北半球、狂放南半球。

09

不回頭的再見

在日本住了快七年的朋友東東，最近搬回台灣了。我們是在同一年來到日本的。在早稻田大學認識，跟幾個年紀相近，話題也投機的朋友變成經常同進同出的小團體。第二年以後，我留在東京，東東則去了京都大學讀研究所。一晃眼，博士學位拿到了，他在京都的生活也度過了六年。

留學到東京定居後的第一次京都之旅，就是東東離開早稻田，搬到京都準備念博士班的那年春天。三月下旬，氣溫仍寒涼，整座京城已開遍絕美的櫻花。我們穿梭在許多未知的華麗小巷，不過言談之間，交換的卻是些許的情緒不安。

那年四月，我跟他都要進入一個全新而未知的環境。我進設計學校念書，而本來就害怕孤單的東東，好不容易在東京認識了我們這幾個好友，現在又要一個人被放在舉目無親的京都。況且，還要念一些光是聽到科目名稱就感覺未來是非常學術的，枯燥難熬的日子。

我跟東東的生日只差幾天，同是易於陷入猶疑取決平衡的天秤座。我猜我們對於轉換新環境都不是那麼拿手的，只不過，我比較容易隱藏情緒，而他卻容易在臉上曝露出焦躁和不安。

無論如何時間挽留不住櫻花的墜落，我們也被生活的變化硬推著往前走。

說也奇妙。往後的幾年，我突然間因為工作所需，常常要到大阪出差。一年約莫總有兩回。每次去大阪，工作結束後我就會再多留幾天下來，到京都玩玩。

每次跟東東約見面，他總會事前就開始不斷預告：「我這次要帶你去一間我覺得真的很棒的餐廳！」然後他習慣排序：「應該可以列入，我吃過同類型的東西前三名。你一定要試試！」出生在嘉義，大學在花蓮度過的他，有一種台灣人性格中很淳樸的熱情，喜歡「食好鬥相報」。

只是，我們這些被他帶去分享好康的朋友，常在吃過以後，忍不住懷疑地問：「是不錯吃，但，你真的覺得有那麼棒喔？」然後再補上幾句糗他的話。但我們心底還是開心的。因為知道，究竟那些美食是不是前三名，根本不重要。重要的是坐在食物面前的我們，又能見上一面的聊天時光。

他真心誠意地為朋友著想，縱使用的是他自己獨特的，對方不一定真能感受得到的方式。對於被他畫入摯友圈的對象，如果希望他幫忙什麼事，他始終就是不多做考慮地去完成。

我常常在他身上反思自己，覺得慚愧。比起他來說，我恐怕很難做到那麼的無私，那麼的無條件付出。但也因為他有時對人太好，所以常常受到欺負，被占了便宜仍不自知。在情感的世界因為這樣而經常重蹈覆轍。明明被傷了，還老是輕易原諒對方，覺得該檢討的是自己。看在我們這些朋友的眼中，又氣又不捨。

東東搬回台灣後的沒幾天，我臨時因為工作又去了一趟京都。工作結束後，我照例多留了一天一夜。就像過去那樣，一個人到處閒晃，累了就進喫茶店喝杯咖啡，彷彿也很有趣味。然而這一回，不知怎麼，總覺得提不起太大興致。連哪裡還能見到紅葉，都不想查詢懶得去。

到了晚餐時間，我突然有點苦惱，今晚該吃些什麼才好？於是忽然意識到，過去在京都的晚上，我不愁該去吃什麼。因為住在這兒的東東肯定會安排幾個，他近來吃過覺得「很棒的」餐廳。

這是搬來日本定居後的第一次，我來到一座已經沒有他住在此地的京都。

原來一座城市，不再有人與你相約，是這樣空蕩蕩的感覺。

東東搬離日本前，彼此都太忙，終究沒辦法在日本說聲再見。雖然回台灣還是能見到，但總覺得七年前，我們在日本認識，然後各自推開了改變命運的門，如今他學有所成要返鄉了，好像也該在日本來一次慎重的告別，才算有始有終。

不過，認識東東這麼久，他永遠是那種跟你說了掰掰，就再也不回頭的人。對於跟人再見以後，總會再回過頭揮揮手的我來說，剛開始還真不習慣。覺得這個人好決絕，好像一點也不留戀的樣子。

你要是糗他：你怎麼很沒感情的樣子啊？他就會有點答非所問地回答：「很快就會再見面啦！」其實也不是那麼地快。但被他這麼一說，就覺得本來道別就不是件需要太留戀、太多愁善感的事嘛。

又是一場新生活的開始。希望回到台灣的東東也能發揮他那毫不留戀的道別本領，徹底切割過去的那些紊亂情愁，做一個新的自己。

10

日式跨年

一個新年又跨過了。跨年我沒回台灣，但我認識的日本朋友直紀，卻是年年都會去台北跨年。今年當然也不例外。我在市府現場看台北一〇一跨年煙火的次數，應該不會超過三次，但直紀卻已經有六次的經驗。

我想起直紀曾經跟我談起第一次去台北時，印象最深的倒不是那一年的跨年煙火，而是在街上看見各種寫著「日式〇〇」的招牌。

在日本人眼中，這些冠上日式的店家招牌，十分新鮮有趣。因為有些東西其實本來就是來自日本的，卻還要在前面再多冠上「日式」兩個字。比方日式涮涮鍋或日式壽喜燒。或者，有些來自日本的店家，在日本當然不會特別冠上日式兩字，可來到台灣以後為了標榜和風，店名也變長了。例如，牛角日式炭火燒肉。

在眾多「日式」招牌裡，最令直紀感到好奇的是有些店名，他怎麼看也想不透，到底怎麼樣的標準才能被稱做日式。比如，日式剪髮、日式美體養生會館、日式美學基礎、日式生活雜貨……等字樣的招牌。

他是不懂在台灣反正什麼店名加上「日式」以後，管他賣什麼，好像就高級了一點。要用日本人能理解的方式去解釋的話，就等於他們老愛用很難念的法文音譯日本外來語，當做店名就以為浪漫一點。

每一年我身邊都有一些朋友，會特地飛來日本體驗這裡的跨年。還有另外一群朋友是想來卻來不了的，但即使獃在台灣也依然會進行「日式跨年」。

他們會跟在東京的我們一樣，三十一日晚上在家裡吃火鍋，看除夕夜的紅白歌合戰。台北市府廣場前什麼歌手出場全不重要，他們跨的年是日式的，因此比較在乎紅隊與白隊，誰是初出場。零點零分，NHK直播的日本寺廟傳來撞擊的新年鐘聲，歡欣起來，好像也跟著跨年了，直到一小時後，看到電視上轉播台北一〇一的跨年煙火，他們才猛然想起，喔，其實現在才跨年。第二天清晨甚至還會去「初詣」拜拜，雖然拜的不是明治神宮，而是行天宮。

想來有趣。在我身邊有哈日族執迷於日式跨年，也有如直紀這樣的日本朋友，迷戀上台式跨年。反正這是個國際村的年代，大家都是地球人，沒人規定你是哪裡人，就不能過另外一個國家的年。自己的年，自己負責。

而我，每一年仍慎重地在東京的神社前迎接新的一年，然後在一小時以後，與台北的家人聯繫，再跟著親人跨一次年。每一場的倒數計時，都那麼地如履薄冰，都那麼地心存感激。

11

帶張愛玲遊東京

張愛玲以華麗而蒼涼的小說風格引人矚目，奠定文壇的地位。可是，坦白說我最喜歡她的作品卻不是小說，而是散文。以及，散文背後顯露出來的這個女人。

不知道從什麼時候開始，很多人總愛問「漂流到荒島上，你會帶哪些書？」這樣的問題。二〇〇八年，我帶著兩口皮箱，隻身來到舉目無親的日本，雖然不是到荒島，但回想起來最初的生活，在心境上倒也有點這樣的況味。拉來的皮箱，有限而可貴的空間裡，應當是以最急切的家用品為主吧，可是我卻硬留了得以塞進兩、三本書的空間。其中的一本，正是張愛玲的散文集《流言》。

我就這樣把張愛玲帶來了東京。一本喜歡的散文書，跟前奏才滑出幾個音就知道的老歌一樣，倒不是一天到晚都會想去聽，卻總在某些特殊的時候，就忍不住要重溫一下。大約是圖一種現世未變的安心感。於是，偶爾在深夜睡前，一時興起就會抽出《流言》來。亂序地翻開一篇，細細重讀起來。

又有幾次，我帶著書出門。走進表參道、裏原宿、神樂坂或銀座巷弄的咖啡館，在日光斜照中翻開張愛玲。常常讀完了一個段落時，就放下書本來。啜飲咖啡，眺望窗外的人來人往，回想張愛玲筆下勾勒的世界。

我奇怪當我在二十一世紀，繁華的東京街頭，閱讀著《流言》這本集子時，竟然不覺得這其實已是一本七十多年前初版的書了。時至今日讀著她對人情世故的透澈解析，仍然沒有與時代脫節之感。

不僅跨越了時間，還跨越城國的邊界。幾個段落，只要稍微更換掉地點，我常以為那些文字在隱喻或諷刺的，其實是當下。都會人的小資情調，眾生百態的人性輪迴，迄今依然適用。無論上海、香港或台北，甚至是東京。

有時候，我穿梭在東京許多有趣的街坊和商店裡，不禁揣想，張愛玲會喜歡這間店嗎？或者該問的是，張愛玲她不討厭日本嗎？她生命中種種與日本牽扯的歷史，照道理說很應讓張愛玲對日本反感的吧？

張愛玲曾在一九五二年十一月來過一趟日本。因為她的好友炎櫻人在日本，準備赴美。她去找炎櫻，以為可以透過炎櫻在日本找到工作，或是獲得赴美的快捷方式，但三個月後她就回去香港。張愛玲對那三個月的事情隻字未提，即使在她給宋淇夫婦和夏志清的信上也沒記載。許多「張學」的研究者，都說那是張愛玲空白的三個月。

我非常好奇當張愛玲親自踏上日本的土地，什麼東西會吸引她的目光？她會做些什麼事呢？散文不曾提及，即使《悄然記》收錄的小說〈浮花浪蕊〉故事舞台設定在前往日本的渡輪上，也沒寫到上岸後的事。直到二〇一〇年《張愛玲私語錄》出版，公開了她寫給宋淇夫婦的信件，雖然還是不知道那三個月的事，但卻從另一個時間點，獲得了我想知道的答案。

一九五五年張愛玲赴美國定居，在郵輪上寫給宋淇夫婦的書信中，說她在途中船舶暫停時去了神戶、橫濱和東京。在這封長信中，張愛玲分享了她在日本看見了什麼，遇到怎樣的日本人，以及做過哪些事。

倘若張愛玲具備穿越時空的超能力，此時此刻來東京，我真想為她嚮導一趟東京半日行。

或許，就從一大清早的早餐開始吧！可惜日本人的早餐種類貧乏，沒有張愛玲喜歡的燒餅油條。不過，她曾在〈談吃與畫餅充飢〉一文中說過日本人對米飯特別講究，又說她喜歡海藻（海帶），覺得中國菜裡的海帶毫無植物的清氣，是失敗的。她推崇日本味噌湯裡的海帶。那麼就領她到築地市場吃早餐吧！市場裡有間「丸豐」飯糰，彈牙的米飯，保證她喜歡。場內有很多賣海帶的食材店，她可以在一旁的海產店現喝一碗海帶味噌湯，更可以把海菜買回家自己熬湯。

如果她真的愛日本米飯的話，我要帶她從築地一路散步到銀座去。銀座後巷有一間叫做「AKOMEYA」的潮流米店，專賣各地精選的日本米，而一旁的物產店有賣佐賀縣的嬉野豆腐，恰好也能推薦給她。她曾在文中寫過日本豆腐有種「清新的氣息」，好像本來光是看，不覺得有啥特別，但一吃就「一整塊都是我一個人吃了」的回憶。

愛流行的張愛玲肯定是喜歡銀座的。事實上在一九五五年的那封書信上，她就寫到郵輪停靠在橫濱港，翌日她抓緊了開船前僅剩的幾個小時，搭火車衝去了銀座。這麼拚命是為什麼呢？只為了買一個她想要的旅行用保溫水瓶！

銀座散策，張愛玲必然欣喜。她曾描述走在滿街楊柳的銀座，注意建築「常是全部玻璃，看上去非常輕快」。最近銀座又新蓋了幾棟大樓，玻璃帷幕的設計更是徹底。帶她逛逛二〇一六年的銀座，想必光是散步也會讓她的心情輕快。

她喜歡衣服，也愛觀察路上的女人。她曾寫到在她眼中的銀座有「許許多多打扮得很漂亮的洋裝女人，都像是很刻意地蹓躂著」的風景。說歸說，如果她看見銀座迄今仍保有不少手工訂製服的店家，應該也會自己畫張設計圖裁縫一套，示範一次什麼叫自然的蹓躂吧？我還想帶她去文具天國「伊東屋」，但不是要她挑卡片。因為她曾在語錄中透露自己「不喜歡賀卡」這件事。但她是愛給摯友寫信的，這裡有許多信紙可任她挑選。最重要的是這裡販賣著許多美麗的和紙，她可以買了去裁切做書套。她曾寫道：「我喜歡的書，看時特別小心，外面另外用紙包著，以免汙損封面。」這不就是日本人現在還會做的事嗎？為每一本書，用紙書套再包著。她絕對會在東京找到很多愛不釋手的美麗書衣。

銀座和日本橋這一帶有許多做和服的百年布莊，也要列入導遊張愛玲的行程。張愛玲曾形容日本花布「一件就是一幅圖畫」，買回家還未裁縫前，常忍不住攤開來鑑賞。這裡的布店，夠令她眼花撩亂。

張愛玲喜歡看櫥窗。她曾說最羨慕的幾種職業是影評人、時裝業及布置櫥窗。所以，逛完銀座的三越百貨，我們要驅車前往新宿伊勢丹，看一看那裡最能代表日本時尚的百貨櫥窗。當然，樓下的糕點天堂也不可錯過。這裡有賣她愛吃的Scone和Muffin，一定也會令她看了食指大動。

有時間的話，想安排她搭一段路面電車都電荒川線之旅。因為張愛玲曾在〈公寓生活記趣〉文中描述過她是「非得聽見電車響才睡得著覺」的人。她喜歡聽見電車行駛的聲音，也愛看電車在路上跑。要是恰好她趕上春天櫻花的季節，匡啷啷行走的荒川線電車穿越櫻花雨，也許會帶給她新的城市體驗。

半天下來走累了，最後找間店歇歇腳，順便吃點東西吧。但千萬別安排日本拉麵的行程，因為張愛玲曾透露「有些作家寫吃的只揀自己喜歡的。我故意寫自己不喜歡的，如麵、茶葉蛋、蹄膀」。她不愛吃麵，但愛輕食。於是準備安排她去人形町的一間老派喫茶店「快生軒」。

這是被台灣讀者暱稱為「大和民族的張愛玲」向田邦子生前的愛店。我當然沒膽子在張愛玲面前這麼說，因為她對於拿她去比擬他人，曾冷冷地說「像看見別人穿下照自己樣做的衣服」。萬一她不喜歡對方的文章，就會犀利地說「看了簡直當是自己一時神智不清寫的呢」。不過，在「快生軒」裡向田邦子酷愛的蜂蜜奶油烤土司，肯定會讓愛輕食、愛麵包又愛甜品的她回味無窮的。

走回市街上，張愛玲或許會被某樣東西拉住目光而駐足。她曾在書信中描述在東京跟神戶看見上班族下班後，舉國若狂就去玩著一種吃角子老虎的小賭博。對他們臉色神態，說像打字員又繼續工作了，形容得很逗趣。我猜想她說的那東西，應該就是小鋼珠柏青哥吧？總有冒險性格又好奇的她，會想試試嗎？我也沒玩過。但如果她想去玩玩看，我願意陪她一起去。

戀物的，熱愛美食的，心思細膩又獨具審美觀的張愛玲，要是她身在這個時代來到了東京，肯定將會荷包大失血，行李超重吧！離開以後，大概馬上又想翻開行事曆，預定下一趟的東京之旅。

導遊結束，道別時，我想要告訴她，如今我們面對的日子，依然像是她筆下「舊的東西在崩壞，新的在滋長」的亂世般，有時甚至也「感覺日常的一切都有點兒不對，不對到恐怖的程度」呢。她會說什麼來回應嗎？我想，我不會等她開口回答就會說再見的。因為她要說的，一定都在文字裡了。

所以，就讓我們再重翻一次張愛玲的書吧。看一看你我又該如何還像是她多年前寫下的市井小民一樣，努力摸索出苦中作樂的本事。

05那些微小卻重要的事

那些看似各自散落看似無關的小事，
都相互有著磁場引力。
牽動、排斥或者推引，
都暗暗地存在於誰的一念之間。

01

冬夜錢湯

從前看日劇時，常常憧憬這一幕。戲裡的主角之一站在掛著「ゆ」字暖簾的錢湯（公共澡堂）門口，等著泡完湯的朋友出來，遞上事先在販賣機買好的熱飲以後，兩個人便頂著紅通通的臉，抱著小臉盆，邊走邊聊，隱沒在冷颼颼的冬夜的民宅巷弄裡。

通常在這段短短的路上，大概泡完湯了，身心變得毫無負擔地舒暢。劇裡的兩個人總是這個時候，容易透露出一些心底的祕密。但不會說得太明白，就像是錢湯裡氤氳的熱氣，是一陣朦朧的，在似有若無之中感應著，然後堆積情緒，把更重要的劇情，過渡下一個階段才來處理。

錢湯就是這樣的一個過渡。池水裡再怎麼舒服，也沒有人會覺得錢湯是自己的家裡。會到錢湯泡湯的人，通常是家裡沒有浴缸或浴室很狹窄。除非錢湯提供的是有療效的溫泉水質。要說是為了省水，捨在家泡澡而到錢湯去，並不合理。因為錢湯一次收費公定價是日幣四百五，放滿一次浴缸的水也不可能花這麼多錢。錢湯是洗滌掉今日的髒汙與乾淨的過渡；是職場與公寓之間的過渡；也是工作與眠夢之間的過渡。

我偶爾也會去錢湯，就在我家附近。不過家是有浴缸的，因此去錢湯純粹只是因為好玩，一種對往昔憧憬日劇的回應。

以前東京單身公寓裡常有不附浴室的，如今愈來愈少了，錢湯存在的必要性也比過往減少許多。我家附近的錢湯原本有兩座，去年就拆掉了一座。錢湯在大樓的一樓，現在大樓還是在的，但已經變成一般的住家。

搬進那裡的住戶，應該也是知道那房子的前身是什麼吧？如今內部格局一定徹底更動過了。我每次經過時，都不免在想，以前大家在泡湯的池子，現在可能擺了一張沙發看電視。以前拿著板凳坐在鏡子前梳洗的地方，現在可能是吃飯的餐廳。比「羅馬浴場」更真實的時空挪移，要是寫小說的住進去了，說不定還能編織像是宮部美幸小說《小暮照相館》裡，舊地新宅的詭譎推理呢。

所幸另外一座錢湯還保存著。在獨棟平房裡，矗立著高聳的煙囪，沿用傳統的燒柴方式加熱水溫，已屬稀奇。錢湯一般來說都是室內的，但這座錢湯最特別的是男湯，有一個一次只能容納兩到三人的迷你露天風呂。

錢湯雖然在住家附近，但並不是我慣常會經過的路。總要去錢湯時才會刻意走的地方。因此住了好多年，那條路的風景還是有點陌生。偶爾去錢湯的路上，就會在某個轉角發現一些小驚喜，那是這條街會呼吸的證明。

但就算是一成不變的，也依然令人興奮。如冬夜從錢湯回家的路上仰望的星空。冷冽的空氣中，熠熠閃耀，每一顆都像是一年之初，照亮未來的引導。

02

溫泉後的咖啡牛乳

臉書上貼了一張照片，泡湯後喝的咖啡牛乳，意外引起網友們的迴響。在日本的溫泉旅館或錢湯泡完澡以後，到販賣機前投一罐冰鎮的咖啡牛乳來喝，是不少日本人的共通嗜好。這本來應該只是在地人的不成文習慣，沒想到也受到台灣觀光客的認同。現在有很多旅人來日本泡湯，帶著暖呼呼的身子走出浴場後，如果發現溫泉館內沒賣咖啡牛乳，甚至還會感到失落呢。

這裡所說的咖啡牛乳，特別指的是玻璃瓶裝的樣式。撕開瓶口的塑膠套，嘴巴直接就著瓶口喝，喝完後再把瓶子放到販賣機旁的回收箱裡。販賣機通常是瓶裝飲料專用的機器，選擇想喝的飲料編號，那一排編號中的飲料就會往前推，排在最前面的那一罐就會奮不顧身地往下跳，等候愛它的你，伸手救援。

販賣機裡賣的不只是咖啡牛乳，還有果汁牛乳和鮮乳。泡湯後該喝其中的哪一種才爽快，各有支持的派別。但不管哪一種口味，基本上都視為乳系列。因為這種瓶裝飲料的牛奶成分都特別多，乳味特別濃郁。我和身邊的日本朋友們都屬於「咖啡牛乳派」的，所以就以咖啡牛乳做代表吧。

那麼到底為什麼泡完湯會想喝咖啡牛乳呢？而且，鋁箔包或罐裝都不合格，非得是喝玻璃瓶裝的才算是王道？日本有個乳業協會還真的認真地回答過這個問題。他們表示，乳類飲料含有鈣質（鎮靜作用）和Opioid peptide（放鬆作用）的關係，故能讓泡湯後心跳加速的身體獲得舒緩。不過，最重要的大概還是因為冷飲帶來的冰鎮效果。

至於為何大家喜歡選擇玻璃瓶裝的呢？那便是視覺和觸感的關係了。泡湯後身體熱，透明的瓶裝飲料可直接看到內容物，在視覺上比密不透風的包裝感覺沁涼。而當手和嘴唇又直接觸碰著冰過的玻璃瓶時，冰涼感就從身體涼到心裡了。

所以，當你下回在泡湯後喝咖啡牛乳時，可別向櫃檯詢問有沒有吸管。直接就著嘴大刺刺地喝，才能體會這份享受。

飲料喝完後，得把瓶子放回販賣機旁的回收桶，所以大家都不會走遠。販賣機前經常圍站著三三兩兩仰著頭喝飲料的人，遂成為日本溫泉設施內的獨特風景。

有人觀察過一個有趣的現象。發現不少喝飲料的人，身姿都會不由自主地變成單手撐著腰間喝。這又所為何來？公司裡的日本工程師同事，以一種很科學的解析告訴我，據說是單手拿著瓶子仰頭喝光飲料時，身體為求得平衡，會自然地把另外一隻手撐到腰後的緣故。

沒想到一罐泡湯後的咖啡牛乳，背後還有這麼多有趣的小故事。

相信是真的也好，或者認為只是以訛傳訛也罷；愛喝哪一種口味的牛乳都不錯，或者想來罐冰啤酒，甚至只是杯冰開水也行。將現實煩躁暫時擺脫的旅人，溫泉後特別感受到身在此刻的幸福感。在愉悅的身心中，其實，喝什麼都棒。

03
告別時的幸福

我特別喜歡一種車站風情。那是電車的起訖站，在一大片的地面並列的月台。車站的屋頂通常是挑高透天的圓弧形狀，白天時篩進日光，亮晃晃的，充滿著開闊感。因為多半不是封閉的空間，偶爾肌膚還能真切地感受到風，穿堂過大廳的足跡。

在這樣的車站起訖站，每當刷卡進站時，最先看到的會是一整排從屋頂垂下的時刻表，標示著各個月台的電車進出站現況。找到自己要搭乘的電車，確認發車的月台之後，再往前走，一眼望去，便是整面遼闊的月台了。每輛電車好守秩序的，一列列緩緩地進出月台，載滿著千百種出發與回程的幽微情緒。

這樣的終點站月台，似乎在歐美特別的多。從前去旅行時，總留下很深的印象。來到東京以後，因此便也對少數幾個這樣的月台，產生特別的好感。其中一個，是過去每每要去代官山或橫濱時，一定會利用到的東急東橫線澀谷站。

不過，東橫線澀谷站隨著跟副都心線相互直通，完成了地下化，在二〇一三年三月十五日末班車收班以後，便正式功臣身退了。翌日開始，這個服務了八十六個年頭的地面並列式月台，走入歷史，從此跟副都心線共用同一個澀谷站月台，開往不變的方向。

許多對這個車站存有感情的人，包括我這個異鄉人，都在最後一天特地再踏進站裡，拍照存念。雖然早就是使用IC感應卡搭車的年代了，這一天，卻刻意買了紙票進站，然後在離站前，讓站務人員蓋上紀念章。紀念章印著澀谷八公犬的圖樣，旁邊寫著「再見，東橫澀谷站」，告別所有曾經在這裡留下回憶的乘客。而乘客們也滿懷滿足和感謝的心情，誠心誠意地在心底道出一句：「辛苦了！多謝這些年來的照顧。」

這便是我覺得日本這個民族，有趣的特質之一了。除了喜歡道歉和謝謝之外，最為特殊的是日本人對於「空間」的擬人化，總相信著人存在於某個空間裡，那空間的本身其實也是具有生命的。

人與地的相逢，以及人與人的相逢，同樣地具備著緣分。人之所以能夠在一個空間裡順遂成長，累積回憶，絕對不是只有自己就得以辦到的。一切的天時地利人和，其實就是這個空間給予自己的照顧。

所以，每當在日本有任何一個車站、建築、書店或百貨公司，宣布結束多年來的服務之際，永遠能見到許多人，趕在營業的最終日，特地重返現場。除了拍照留念以外，也向這個曾經照顧過自己的空間，好好地道謝與告別。

告別時總是感傷的。然而，更讓人感傷的是，我們往往不知道什麼時候，會是你和在乎的他，最後一次的見面。相較於來不及告別就被迫告別，能夠好好地道謝與告別，其實是多麼完滿與幸福的一種人生。

04 坐在隔壁

不知道該說是優點還是缺點，只要一坐上大眾交通運輸工具，我的睡意就會大肆襲來。

這樣的我有個小小的困擾。那就是有不少工作的場合，我必須跟別人一起搭乘長途的交通工具。如果是本來就認識的人那也還好，有時候真的聊累了，跟對方說一句想小睡一下其實也無妨。但偏偏更多的時候，我旁邊坐的是第一次碰面的人。

那些初次見面的日本人，都是我在採訪的行程中，主辦或協贊單位的負責人員。他們會一起與我同行，然後習慣利用搭乘電車或巴士時，開始彙報簡介行程、景點的人文風情，以及溝通本次的報導方向。

好不容易都說完了，對方大概總覺得遠道是客，不主動創造話題打破沉默顯得不夠禮貌。於是每個人都會開始問起我，「當初為什麼會想來日本呢？喜歡日本的什麼？日本哪些食物最愛又最不喜歡呢？」之類的萬年問題。

老實說，我真的很想睡。但因為是工作，再累也不能闔眼。有時候我觀察到其實對方應該也很想睡，但基於同樣的原因也是硬撐著。

前幾週我又有出差，負責接待並與我同行的工作人員，來自於協辦單位的鐵道公司。新幹線的時間很早，我清晨五點半就起床盥洗，睡眼惺忪地趕到東京車站與對方會合。實在是很睏。一想到待會兩三個小時的車程，還必須跟坐在隔壁的、不熟的對方社交，無法好好補眠，就覺得辛苦。

車資是由對方提供的，集合後，對方交給我車票，我們一起進到了新幹線的月台。登上同一輛車廂以後，我對號找到了位子，準備讓對方先入座時，他突然跟我說：「等會兒到站後再聊囉！」我愣了一下，看著他走到車廂尾，才知道原來我們不是坐在一起。

該說是什麼感覺呢？與其說我鬆了一口氣，不如說是徹底完敗的震撼。這太高招了。對方根本也知道兩個不熟的人硬坐在一起夠尷尬，所以乾脆在替我訂票時，就分開訂位。彼此都樂得輕鬆。途中，我睡醒時去上廁所，經過他的位子時，瞥見他彷彿睡得比周圍的任何人都還沉。

文壇人稱「航叔」的前輩陳雨航在近作《日子的風景》一書中，寫到旅行中常與人在機艙中不期而遇的趣事。我覺得這應該是一種「體質」的問題。有些人的體質就是會有一種磁場，會跟人不期而遇。我也有一點這種體質，但不像航叔那樣是在機艙上與人相遇，而是在常常會在國內外城市的街上與人偶遇。到底世界是有多小？我老懷疑世界像金凱瑞的電影那樣，只是個攝影棚場景。

我唯一與認識的人在飛機上「不期而遇」的經驗，是去年從東京回台北時，跟我的偶像Perfume三個女生同班機。別人都在接機大廳遠遠地看著她們，沒想到我是走在她們旁邊一起入境，實在太幸運了。這是截至目前為止，我在飛機上與人不期而遇的最美好經驗。雖然只是我遇到了她們，而非相遇。

05

認地圖

每年到了夏天之際，公司開始準備秋冬更新版的書籍時，就會進入相當繁瑣的地圖校正作業。我跟日本前輩共同負責每一張地圖的校正，工作的形式是手工業，拿著各種顏色的筆，增刪及畫出需要更動的建築、店面和街道，最後再交給美編進電腦裡修改。在原本就已經密密麻麻的地圖上塗抹著，真怕自己沒迷路，修改的美編卻已走失。常常在把校正的地圖檔案傳送出去時，幾乎都可以想見美編收到地圖時的哀嚎。

日本人是擅長畫地圖與看地圖的民族。日本出版社的導遊書地圖總是非常詳盡，而且畫得清楚、漂亮。之前iPhone推出自家地圖APP時荒謬百出，那一陣子，推特上老是在流傳各種令大家貽笑大方的螢幕快拍照。照片上那些陰錯陽差的地理位置，對於地圖敏感的日本人來說，肯定是一件很不可思議的事。想想也是，別說GPS地圖了，光是東京都內龐雜的地鐵電車路線圖，就得以說明如果想好好生活在這座城市，卻對看路線方位圖感到苦手的話，將多麼難以自在生存。地圖不好，是走不到想去的目標的。

有一天，社長問我：「台灣人也擅長看地圖嗎？」我想應該是的。所以很多來日本玩的台灣人，即使不怎麼懂日文，拿著日文地圖也可以成功移動。我說：「那可能是因為日本的地圖畫得容易懂。」不過，幾乎每兩個月就會因公跑一趟曼谷的社長卻告訴我，他發現泰國人就不太會看地圖。即便是同樣一張日本人繪製的地圖，翻譯成泰文給當地人看，他們似乎仍喜歡用口述的方式更容易明白。

社長跟我聊完地圖的那天晚上，我在新宿的某間店裡，看見了好久不見的悠太君。自從他傳來簡訊告訴我，因為打網球受了傷暫時不方便外出，就這樣過了好幾個季節。我們沒有再聯絡，但我知道我會遇見他。東京再怎麼巨大，這城市裡的世界，有時候比心還要更狹小。

如果我就這麼站在電扶梯上不動，那麼到了地面時，悠太君就會恰好走到我面前。第一句該打招呼的問候應該說什麼呢？要主動開朗地喚他，或者讓他先叫我，我再裝出很驚訝的表情嗎？終於，電扶梯到了底端。悠太君在絕妙的時間點上，拐了一個彎。最終，我們沒有也不必有機會向誰打招呼。

我們在新宿；我們不在同一張地圖上。

這樣也好；這樣很好。

06

臥虎藏龍蛋包飯

熟悉我的朋友都知道我愛蛋包飯。好幾年前還未搬來日本時，偶然看了一部日劇叫《午餐女王》，講的就是以蛋包飯餐館為背景的故事。受到日劇的影響，恰好那一年到東京玩，只要看見賣蛋包飯的地方就要進去一嘗，記錄下了不少美味（或地雷店）的口袋名單。前人種樹後人乘涼，我身邊喜歡吃蛋包飯的朋友們，接下來的幾年也因此受到了庇蔭。往後每一年來東京，就算沒去過的餐廳還有一籮筐，怎麼樣還是會保留一餐胃的空間給蛋包飯。

從前對所謂日式蛋包飯的印象，大概就是西門町的美觀園賣的茄汁蛋包飯吧。那時候台北還沒有那麼多日本料理店，也沒有跨海直營的各式專門店。去西門町逛街時，想吃蛋包飯就會到美觀園。美觀園的蛋包飯是很傳統的口感，蛋皮薄，邊緣煎得有點焦，不是現在流行的半熟蛋煎法，切開了還會流出蛋液的那種類型。說是蛋包飯，但其實蛋皮只是為飯鋪了張薄毯，並不是真的把飯給緊緊擁抱起來。在蛋包飯旁，還會放上幾片如今想來不知所以然的脆瓜。總之是已經入籍成台灣人的日式蛋包飯。

革命尚未成功，蛋包飯的世界仍是個無邊無際的宇宙。即使已經有了常去的店家，但每次翻雜誌又看見蛋包飯的照片時，還是會記下店名，提醒自己有機會要去嘗嘗。

很久以前就聽公司裡的人說過，事務所樓下那間喫茶店賣的蛋包飯很好吃。可我進進出出了三年，總沒有勇氣踏進去。原因是日本所謂的「喫茶店」很多都像是那間店一樣，空間狹小，昏昏暗暗，會去的客人總以抽著菸的老先生居多，時間像是從昭和年代被借出來似的，迷濛在煙霧中忘了歸還。

前陣子公司裡又有個女同事去吃了。我在樓梯間遇到剛吃完的她，問真的好吃嗎？她只是反問我：「你喜歡蛋包飯吧？」接著露出一副既滿足又狐疑的表情。意思是：「那怎麼還不快吃吃看！」

不就是這樣嗎？靠自己很近的店家反而經常不是最常去的。總覺得就在旁邊不會跑掉嘛，隨時都能去，結果卻是一直往更遠的地方跑。

終於走進去喫茶店裡吃蛋包飯那一天，我邊吃邊懷疑這間借了光陰的店，在某個我見不到的角落，其實也跟銀座巷弄裡的高級洋食店借了大廚吧？太好吃了一點。竟然臥虎藏龍在這棟如此普通的辦公大樓下，讓人起了敬意。我想，天秤座真的不能再這樣「外貌協會」下去了。

昨天下班時，發現事務所附近一間挺便宜的按摩店居然拆了招牌。才開了半年多吧，我老想著要去試試的，居然就倒了。還沒回過神來，突然一陣風揚起，我打了個顫。是今年夏天以後，第一次感覺的冷。

秋天又來了。是時候想想去年秋天一直念著要去的地方和要做的事了。在此之前，我決定明天再去樓下吃一次蛋包飯。

07

芒果國民外交

這個夏天，我收到了從台灣寄過來的整箱芒果。那天早上，當我推開門看見帶著微笑的宅急便男孩，捧著一大盒芒果要我簽收時，愣了好一會兒。是我的嗎？還未反應過來，已嗅到一陣掩蓋不住的芒果香，從紙箱裡竄出來。

「台灣芒果啊。」宅急便男孩遞給我簽收單時，喃喃自語起來。我趕緊拿出印章迅速蓋下去，像是怕誰會搶走似地做出默默的宣示：「喂，我已經蓋上我的名字了喲，這些全是我的！」

我小心翼翼地揭開盒蓋，看見箱子裡一叢豐盈飽滿、鮮豔欲滴的橘紅芒果時，驚喜到有些不切實際。絕美的畫面，簡直是藝術。

輕輕觸摸起芒果，感覺在光滑的表皮上維持著一股舒服的低溫，一粒粒乖乖地枕在彼此身旁，靜好的，沉在深深的夢鄉裡。

芒果在日本是珍貴到爆表的熱帶水果。一般人買得起的，多半是從墨西哥進口的芒果，在外觀和口感上都遠遠不如台灣。真正能夠跟台灣芒果相提並論的是日本的國產芒果。但數量少且價格昂貴，還不是什麼地方都有賣，必須要到新宿伊勢丹百貨那樣的高級超市才有。如果在尺寸、重量和品質上，要如同我收到的台灣芒果一樣的話，很可能兩粒就要日幣一萬圓。

收到芒果的那一天，我立刻攜了幾粒去公司，分給辦公室裡的日本同事。當我請同事們務必嘗一嘗水果王國台灣的夏季名產時，每個人都忍不住瞬大雙眼，驚歎得想要尖叫，卻努力地壓抑住聲量。

「天啊！不會吧？真的可以給我嗎？這麼高級的東西！」他們慎重地用雙手接過芒果，臉上閃爍出的喜悅，渲染著香芒的色澤。

有的人甚至慌了起來，緊張地詢問：「那麼我現在應該怎麼照料它？我只要這樣放在桌上等下班就好了，還是應該先放進冰箱？今天就一定要吃嗎？明天跟家人一起分享還行嗎？」

他們都喜歡到台灣旅行，對台灣念念不忘之一的就是芒果刨冰。回到日本的夏天，芒果只能變成遙遠的夢境。其中也有人是還未到過台灣的。捧著芒果嗅聞的他們，像是獲得一則通關的密碼，決心下一場旅行，就去台灣。

隔天晚上，日本朋友小園君來我家，我自然也準備端出芒果待客。

上樓前，他發了LINE問我，要不要去超商買一桶香草冰淇淋搭配？我回他，新鮮芒果單吃就夠，冰淇淋會搶了芒果的本味。他半信半疑，因為他的芒果經驗，始終還停在加工切片的超商甜品上。

對切碩大的芒果，用刀一道道縱橫劃開果肉，最後將果皮往內推，芒果頓時逆向如花綻放開來。小園君也綻開了笑容，邊吃邊說，長這麼大沒這樣吃過芒果的。殊不知我們可是這樣從小吃到大的呢！所以說，我們怎麼可能會把日本人愛吃的芒果布丁給放在眼裡呢。

與我分享美好事物的台灣朋友，跨海寄來的這一箱芒果，芬芳了我的夏天。使我得以按了一個分享鍵，讓身邊的日本朋友也因此受惠。

芒果含在嘴裡冰冰涼涼，心底卻是暖暖的。我感覺到自己在海洋的另一端被想起了、被照顧了，讓我也更加想要成為一個能夠照顧他人的人。

08

土產的變化

朋友要從台北來，我託他帶一盒綠豆糕過來。為什麼忽然想吃綠豆糕呢？那其實不在我平常嗜食的零嘴名單中。回想起來，甚至是三年也不會想到要吃一次的東西。

事發緣由來自於前幾天晚上，我在睡前看了一齣時代劇。劇中的皇室，為了歡度節慶而準備了琳瑯滿目的茶點，其中一道看起來就像極了綠豆糕。雖然我知道那應該不是，但隨著主角們一邊茗茶，一邊綻放出品味甜點時的滿足表情，我的大腦已擅自認定那就是綠豆糕。綠豆糕的口感頓時在記憶中蔓延開來。擴散到我非得再複習一次綠豆糕入口，幾秒鐘內從綿密到化掉的過程，才能罷休。

比起身邊許多住在日本的台灣人來說，我其實算是不那麼倚賴故鄉食物的人。但有時候仍會因為讀到一篇文章或是在網路上看到一張照片，就突然想重溫一下在日本不容易吃到的東西。像綠豆糕這樣，只不過是因為在電視劇裡看到類似的東西，忽然聯想到而想吃的，經驗中少之又少。

要說那些突然看到而想吃的故鄉美食，是真的有多麼愛嗎？其實也還好。不思量自難忘，真的很愛的東西，是不需要這樣靠外在的提醒才突然想起來的。

那些稱不上非常摯愛，但卻突然間想嘗一嘗的零嘴，特地託台灣的朋友大老遠帶來，慎重地吃過了，好像也就獲得滿足。等到下次自己回台灣時，明明就可以吃到飽買到爽，卻可能一樣也沒買。果然印證了有人說，吃不到的才好吃。

朋友們來日本旅行，當然會買日本的土產。不然就是人沒到，知道我要回去了，託我發揮善心行行好，多少帶些回去。統計一下，這些年大家購買的土產重疊率，不外乎是藥妝類和甜點零嘴（限定產品）拔得頭籌。

帶了日本土產回去的我，從台灣回日本時又會有什麼非買不可的東西呢？我有意識地統計了一下這些年的行囊。土產重疊率最高的前五名不分排名，答案是蛋捲、沙琪瑪、孔雀餅乾、蔥抓餅皮和蔥燒牛肉麵泡麵。

前陣子鬧出用油事件時，發現家裡還有一包從台灣帶來的泡麵。在某一波公布的名單中，這泡麵品牌也不幸上了榜。當時掙扎很久，猶豫是不是應該丟掉？拿在手上，觀望許久，心想，世界上有這麼多的泡麵，既然如此大老遠地挑中這一包跨海帶過來了，那就是一種緣分。反正之前都吃過那麼多包了，也不差這一包吧？就當最後一次囉。最後，便在牛肉蔥香中，成就了一段孽緣。

在日本住久了，認識的日本朋友更熟以後，當我回台灣時，大家也會沒在客氣的請我帶點土產給他們。對日本人來說，台灣的鳳梨酥是常年不敗的人氣商品。最近的新寵，則是台啤出的芒果啤酒。最好再搭配一包芒果乾就更完美了。

上次回台北時，受日本朋友所託，特地去買芒果乾，才發現大部分超市賣的都是菲律賓進口的。日本人對台灣芒果那麼地崇拜，當然得買台灣產的才行。結果跑了好幾個地方，才終於買到正宗台灣產的芒果乾。結帳時看到鳳梨酥，雖然朋友沒說要吃，還是好心送了。果然對方收到時，超乎預期地開心。再次證明日本人真的很愛台灣的鳳梨酥。

說也奇怪，早幾年剛住到日本來時，第一年大家來找我玩，都會帶米粉啊罐裝肉燥啊這些很道地的台灣名產，可是最近這兩年，我居然收到最多的家鄉土產是鳳梨酥。鳳梨酥雖然好吃，但我從來沒說過我愛吃。不知道為什麼，某一天起，大家從台灣飛過來，自然而然就會帶各式各樣的鳳梨酥來給我。就連日本朋友去台灣玩，回來為了答謝我在行前給予的旅遊情報協助，送的居然也是鳳梨酥。但我只是住在日本工作，並沒有變成日本人呀。

或許每一個人都會有一張既定的土產臉。就是當你看到某一種土產時，腦海中就會立刻浮現出某個人的臉。當然不是說他跟土產長得像，而是覺得很適合送給他。那其實是一種送禮人對收禮人的生活想像。

因此，我從收到米粉跟肉燥，漸漸地變成收到鳳梨酥，是否也意味著朋友們對我的生活想像起了點變化？

這讓我突然間想到，我的小外甥女在我剛來日本的前兩年，每當看見我回台北時，總會撒嬌地問：「舅舅，你去日本好久喔！你在日本幹嘛？什麼時候要回來？」

結果現在回去，她問也不問了。

09

消失的車站

有好長一段時間，每次當我經過上野車站，總會想起小時候的台北車站。當然不是現在的那座建築，而是從日治時代留下來的那棟台北車站（一九四一—一九八六）。俗稱第三代台北車站。

年紀比我小的台北人，大概不會對那座台北車站有印象。車站拆除時是一九八六年的事，當時我才十歲。只有十歲，不過已經是個可以把一些事情的片段光景，記憶到一輩子的年紀了。

不知道為什麼，那段時間我總覺得印象中小時候出入的台北車站，跟上野車站長得很像。可能是對建築外牆顏色的記憶。但實際上到網路找了照片來比對，又發現除了顏色跟方塊式的建築造型外，並沒有真的那麼相似。嚴格說來，老台北車站仍比現在的上野車站更為風雅。

要真說像誰的話，前陣子重翻了去北海道玩的照片時，才發現小樽車站的外型更像一點。不過在建築的細部設計方面，老台北車站還是略勝一籌。光是窗櫺的花雕裝飾和建築體的層次感就美多了。小樽車站的表情讓我覺得沒什麼溫度，太冷眼旁觀了，彷彿不太投入旅人們送往迎來的情緒裡。它的存在感更接近於一座市政廳。老台北車站的表情花俏些。

現存的小樽車站建於一九三四年，後歷經整修，但基本上維持不變的樣貌。已拆除的第三代台北車站則建於一九四一年，時間相差不遠。那年代大概都流行這樣的現代主義建築風格，因此兩座車站要說像是兄弟也不足為奇。

現存的上野車站落成於一九三二年，只比小樽車站早兩年。再查閱了一下資料，發現小樽車站在當年建築時，確實就是依照上野車站的外觀而模仿建造的。這麼一連結，我之所以會覺得上野車站有一點老台北車站的身影，彷彿獲得解釋。

然而，會以為這三棟建築有如一家人，也只是我情感上的一廂情願罷了。畢竟三棟建築的設計師都不同。老台北車站的建築師是日本人宇敷赳夫。如今若要回味宇敷赳夫的建築風華，在台灣中南部還能尋回。台南站和嘉義站的設計，都是出自於宇敷赳夫之手。

被有興趣的事情激起好奇心，忽然開始蒐集資料，往往就像個無底洞。我因此又發現了第二代的台北車站（一九〇一－一九三九）更驚為天人。那時候的台北車站是紅磚瓦打造的，跟東京車站丸之內驛站一樣，同為華麗的巴洛克風貌。

如今經常出入東京車站或上野車站的我，常不禁在想，當年只是為了要擴增旅客流量和鐵路地下化，就把老台北車站給拆了，絕對是台北城發展史上的致命性錯誤決定。

東京車站的丸之內驛站和上野車站的建築，在老建築內的空間都不寬廣，因為是根據從前的旅客流量所打造的車站。不過，它們被保留下來了，如今更像是做為一個門面的象徵。

現今旅人從老建築入口進車站，其實真正利用的車站主體空間，多半是擴建的部分。這些新增的空間，全藏在老建築的地下，或是蓋在老建築的身後。像丸之內的百年紅磚建築，縱使只是一排門面，可是做為東京的玄關，卻讓這座城市擁有了一抹「故事就從這裡開始」的情緒。

要是能把當年優雅的老台北車站給保存下來，讓擴站也有如東京車站的做法一樣，朝建築的地下與背後來考量，那麼台北車站的景致，肯定會比現在的建築物更有風情。

可惜直到現在，寧可「捨棄用心復原和維護，不如拆了重建最快」的狀況，在台灣各處仍屢見不鮮。老建築不知道怎麼維護和改裝，加上背後又牽扯太多未知的利益輸送，於是就拆了重建最簡單。誰要想阻擋，就放把無名火給燒了，讓你不拆也不行。倘若新蓋的建築，美學能超越過往的水準，那也還令人服氣。偏偏蓋出來的新大樓，總是醜的居多。好不容易出現一棟外觀堪稱能站上國際舞台的建築，卻又常因政治與人事問題，搞得金玉其外敗絮其中。

我喜歡登上東京站對面的KITTE屋上庭園，這棟也是改建舊有建築而成的新據點，在大好晴空下，靜靜地瞭望前方。

丸之內驛站的後面，得以清楚看見忙碌穿梭的新幹線列車。玻璃帷幕的摩天樓在後方站成一旁，堅固地守護著前方柔情的百年紅磚車站。新舊交融的景象，讓年邁成為時光的驕傲。

我想像著將眼前的風景置換成消失的老台北車站，想像在建築的身後共存著許多不嫌棄它的高樓。緊鄰車站的中華商場，或許會有一小棟被保存下來，在新穎的建築群中，就像是表參道之丘的同潤會公寓復刻版。我們會站在商場的屋頂花園，瞭望台北玄關的風景。

鐵路在地下奔跑，我仍能隱約地聽見自己的童年，正準備轟隆轟隆地進站。

10
西武新宿

「西武新宿線」大概是東京所有的地鐵路線中，最模糊的存在。

通往新宿站的電車，最後都會匯聚在跟ＪＲ鐵道相互聯結的據點。即便是各條路線在換車時需要走一段路，但基本上都算在同一個站內，因此站名皆共用「新宿站」進而再細分各家路線。唯有西武新宿線不同。

西武新宿線的起訖點，沒有直接進入大夥兒同在一堂的共構站內，而是落在約五百公尺距離外的歌舞伎町裡。好像被大家排擠了似的，名稱也沒辦法直接叫做「新宿站：西武新宿線」而冠上了另一個獨立的站名：西武新宿站。

就是這短短的五百公尺之差，改變了西武新宿線的命運。再加上沿線除了高田馬場站和中井站有跟其他路線交會以外，幾乎就跟別的電車再無關係，西武新宿因此成為東京都內的私鐵裡，轉乘點最少、最不方便也最自成一格的一條路線。在這個處處講求便利與速度的都會裡，這些自然成為對這一帶商業或房產發展上不利的因素。

其實西武新宿線最初預計是要接到ＪＲ站內的。一九五二年從原本的終點站高田馬場延伸到歌舞伎町後準備再往下走，最後卻沒有實現。八〇年代日本泡沫經濟高峰時，關於西武新宿線延伸的計劃又浮出台面，可惜最後隨著經濟崩盤又告吹。鐵軌延伸不成的原因，有此一說，是因為這短短的五百公尺，土地的所有權非常紊亂。地主派系紛雜，還包含外國人，最終因為地產取得不易而放棄。

如今在ＪＲ新宿站東口的LUMINE EST二樓，據說還能觀察出當初準備迎接西武新宿線進來的建築構造。只可惜鐵軌從那一年起，就停在了現在的位置。

等待的人，以及想要赴約的人，最終卻只能遙遙相望。如此一想，西武新宿站和ＪＲ新宿站怎麼竟有種牛郎織女的淒涼況味。

無獨有偶的，西武新宿站所在的歌舞伎町也有相似的命運。這地方因為以前黑道充斥，到現在酒店、牛郎店和柏青哥店的盛行，總給人不太高尚的印象。不過因為有名，許多人第一次到新宿觀光，還是會特地到入口前閃亮的牌樓下拍照紀念。當然也包括了十幾年前，第一次到東京的我。

有趣的是，名為歌舞伎町的此地，其實並沒有歌舞伎劇場。二次大戰結束後，本來準備在這裡建造如銀座那樣的歌舞伎座，因此才在一九四八年命名此地為歌舞伎町。結果沒想到陰錯陽差，歌舞伎座沒建成，反而成為東京歡樂風化街的代表。

每當我從歌舞伎町的外緣走過，總得過關斬將那些硬纏著你拉客，問你要不要唱歌、去不去居酒屋，以及今晚想要哪一種類型酒家女的店員。

西武新宿和歌舞伎町，不約而同地帶著半途而廢的遺憾，所幸這麼多年也活出了自己的個性，彼此相依相伴著，勾勒出新宿的另一種表情。

想起椎名林檎的名曲《歌舞伎町的女王》。她如此大剌剌地唱著：「走出JR新宿站東口／那裡就是我的庭園／巨大的遊樂場歌舞伎町／今晚開始本町的女兒，我就是女王。」荒謬的是歌詞裡提到的依舊還是JR車站，而非更靠近的西武新宿站。西武新宿的模糊面貌，由此可見一斑。

然而，這樣模糊存在著的西武新宿線，我竟誤打誤撞地，和其詭譎的命運搭上了緣分。

來到日本的第二年起，我住在這條電車路線上，晃眼就超過了四年。每次當日本朋友問起我住在哪裡時，十之八九當我回答出西武新宿線上的站名時，對方總是露出一頭霧水，沒有印象的尷尬表情。我得補充說明：「其實那裡剛好跟平行的中央線〇〇站垂直喔。」對方才終於有了方位的概念。

但我不覺得住在西武新宿線上有什麼不好的。雖然在搬到這條路線以前，我從來沒搭過這條線的電車，對站名也是一片印象模糊，不過這幾年來始終也覺得這裡適宜居家。也是一種命運。住到了這裡，於是對許多人模糊的東京地帶，因此有了難得的清晰認識。

就在真夏來臨，我即將搬家，告別西武新宿線的前夕，看著黃色車廂的列車進站的剎那，我因為知道以後恐怕不會再搭到這班車而有些悸動。

或許對於一個全然陌生的對象，發掘其美好，並且愛上，就是這些年來在西武新宿線上進出的我，所習得並且擅長的本領。

11 半世紀前的時空問候

前陣子，買了一張有「爵士第一夫人」之稱的艾拉・費茲傑拉（Ella Fitzgerald）的中古黑膠唱片。專輯名稱是《At the Opera House》，收錄的是一九五七年，艾拉在芝加哥的一場現場演唱會。

當我從封套抽出唱盤時，突然發現封套內有一行手寫字——一九六二年（昭和三十七年）十月五日。

突然間，我被這一行手寫字給魅惑住了。這肯定是當初買下這張唱片的主人的落款。看起來像用鋼筆寫下的字，幾道筆畫的墨水雖然變淡了，仍是能輕易辨識出來的清晰字句。

工整的字跡，再對照著這張已經超過半個世紀的黑膠唱片，我於是猜想唱片的主人，肯定有著律己甚嚴的性格，是個愛惜物品的人。

每一張中古黑膠唱片，其實都偷偷記錄了主人的性格。中古的品質落差大，唱片是否有刮痕、封套是否有汙漬，以及內封套跟歌詞紙張是否破爛了等等，追根究柢都取決於主人有沒有細心維護。看到這行工整的字跡，我明白這張超過半世紀歷史的艾拉黑膠，何以還仍能夠保持得那麼好。

聽著艾拉的歌，此刻，我想像的已不只是歌手現場演唱的姿態了。我不禁推測當初寫下這行字的唱片主人，是男人還是女人呢？五十二年前，他以什麼心情買下了這張黑膠？決定賣掉唱片，恐怕也是像大多數的人一樣，在時代進步的變遷中與它告別吧？

五十二年前，倘若買下這張唱片的主人還只是個大學生，今年大概有七十多歲了。不過，再仔細看看，發現這張唱片的定價居然是日幣兩千日圓。那時候的兩千圓，絕對不是個小數目。我想，大學生是買不起的。或許是和現在的我差不多年紀的話，如今應該都快九十歲了。還健在嗎？日本的老人多半長壽，如果現在的他，知道年輕時代曾經買下的一張唱片，現在竟然收藏在一個台灣人的手中，一定很不可思議吧？

不知不覺，像是翻讀起一本推理小說似的，我開始抽絲剝繭著時間的祕密。

向身邊的日本長輩們打聽，得知一九六二年的日幣兩千圓，價值大概是現在的一萬多圓的感覺。一張日幣兩千圓的黑膠唱片，假設以現在的匯率換算，大概是台幣六到七百元左右，或者更多一點。我好奇，如果一九六二年的東京人願意以兩千日幣（相當於現在的一萬日幣）買一張唱片，那麼在當年的台灣，還未經濟起飛的民國五十一年，這張黑膠的價值又是什麼感覺？

這問題當然就得問我媽了。我媽很快地給了我一個容易理解的滿意答案。她說當年，我爸在國家安全局上班，薪水比一般上班族多一點，一個月大約能拿到一千多台幣。但當時的工資，一個月能拿到七、八百元，已屬高薪資。民國五十三年，她跟我爸剛結婚時住在新店，跟人合租房子，廚房與廁所共用，一個月房租是台幣兩百元。每天的飯菜錢只要十幾元。由此可見，七百台幣的價值是多少了。

這麼一比較之後，發現當時台北跟東京的生活水準，真是南轅北轍。想想也是，畢竟兩年後的一九六四年，東京就要舉辦奧運了。台北的公車路線都還沒有幾條的年代，日本的第一條新幹線即將通車。

因為艾拉的黑膠唱片，像是連鎖效應似的，我開始逐一想要挖掘出一九六二年前後，唱片主人所生活的年代，到底發生過什麼事。

於是知道了一九六二年的東京都，常住人口正式突破一千萬人。全日本的電視收視人口達到一千萬戶；但同年的台灣，才終於誕生了第一家電視台——台視正式開播。一九六二年胡適過世；這一年，瑪麗蓮．夢露向甘迺迪唱出〈生日快樂歌〉不久，卻離奇死亡。當然，有死便有生。在美加，湯姆．克魯斯和金．凱瑞出生了；在日本，有歌手松田聖子、作家小川洋子、藝術家村上隆的誕生；在台港，梁朝偉、周星馳和辛曉琪同年出生。

原本與我遙遠的一九六二年，因為一張唱片，讓我有機會對半世紀前的時空，來一場問候。黑膠唱片對我來說最有魅力之處，大約也在於此。與其說是唱片裡的音樂，不如說隱藏在中古黑膠的背後，一則又一則，我去認識、推演、想像並重新建構的環境，更加令我著迷。

一九六二年的十四年後，我出生在一個小島。三十多年後，在新宿的某間狹小唱片行裡，我和一張艾拉 費茲傑拉的黑膠唱片相遇。許多沉睡已久的這些人那些事，就在唱片的旋轉中，一個個又醒了起來。

生命其實是這樣活在別人心裡的。

只要被記著了，死亡，就不是灰飛煙滅。

12

散落無關的小事

對於某一些人，我始終覺得有點抱歉。他們是每隔一段時間就會出現的人，可能是抱著自身的疑問，或者是好心想幫親友的忙。他們會誠心誠意地向我詢問一個問題，那就是：「請問你當時怎麼在日本找到工作的？」還有「請問參加應徵面試時，應該注意什麼事項？」甚至還有早稻田大學的台灣學生會曾經來邀約我參加座談會，為即將畢業的留學生們，分享日本「就職活動」的經驗。人家滿心期待能獲得點有效的資訊，可惜我什麼也無法分享，所以老覺得有點抱歉。

關於在日本工作這件事，要說非常幸運嘛，這一點我是（滿懷感恩的心）承認的。實際上關於我現在從事的工作，不是參加就職活動找來的。進入公司上班之前，也沒有面試的審核過程。這工作是別人介紹來的。而且當初把我介紹給公司的人，當時我並不認識。

二〇〇八年來到日本，為了「安定軍心」我對外宣稱會在這裡留學一年後回去，其實心底已做好準備，我可能不會在一年後回去。但一年後該怎麼辦？當時全無想法。

結果一年以後，我選擇繼續留學，離開早稻田大學日語中心，進入設計專門學校。那一年夏天來到以前，因為考量經濟收支平衡，我動了打工的念頭。

可是我能做什麼呢？那一刻，我發現在台灣的我除了會寫稿子以外，什麼工作經驗也沒有，什麼技能也不會。留學生要打工的話，多半就只能去當店員了。去居酒屋端盤子嗎？那些在日本大多是十八、十九歲的孩子的世界，我都過三十歲了，就算盤子不排斥我，青春也會笑話我。

我開始上網去找蘋果電腦店、無印良品、UNIQLO有沒有正在應徵的消息。總覺得在這裡上班的店員都乾乾淨淨的，或許可以淨化三十多年來過於複雜的心靈。很好！就這麼決定了。網路上的應徵工作內容瀏覽了一下。啊！要負責輪班結賬哪。我對數字概念那麼爛，買東西時有時錢都會給錯了，要是收錢，一定會發生賬目搞錯的問題。

我為什麼不是JK羅琳呢？只寫一個哈利波特的故事，吃兩輩子都夠了。在家裡倒杯水，書就再版，銀行賬本就要翻頁了。那種魔法人生真不是凡間的作家能夠想像的。總之，因為找打工忽然發現活到現在，我整個人實在太遜了。

就在那一年端午節時，我的父親出事了。帕金森氏症的他因為吃東西噎到，突然昏迷了過去。送到醫院以後，始終沒有醒過來。因為情況緊急，我立刻飛回台北。就在回去看我爸的那幾天，我收到一封電子郵件。發信者是日本的一間中小出版社，內容是因為他們正準備要擴張對台事業部，需要正住在東京，對網路、編採與文稿工作有經驗的台灣人幫忙，經過某個台灣留學生的推薦，知道了我的名字，並在網站上找到我的聯繫方式，所以發了這封信。

始料未及的接點，這間公司就成為我現在工作的職場了。畢業前是打工的形態，而畢業以後就繼續待在這裡轉為正職。至於當初介紹我的台灣留學生，公司裡的前輩只說對方是我的讀者，後來就回去台灣了。

一直沒見過這個人，直到兩、三年後，因為公司的另一樁案子才和他相遇。說是我的讀者，是客氣了，只是恰好在網路上看到了我的旅遊專欄，其實對於我的書並不那麼熟悉。然而，就是那麼恰好的，當時公司的人問了他，而他或許是無心地說出我的名字，許多的事情就轉了方向。

跟朋友說，這樣的我很幸運。朋友回我，如果你懶得持續寫作，你早就消失了，又怎麼會讓人想起你的名字呢？

所有的幸運之光，都有出發的光源。

我工作的職場不太像傳統的日本企業，雖然薪資普通，但個人自由度高，不那麼緊張的步調，適合我的生活，也利於我在工作之外的寫作活動。公司的社長與其說是上司，不如說更像是照顧我的長輩。從報稅的小事，到購屋買房和仲介斡旋的大事，總不吝於給予諸多的幫忙。偶爾，社長向別人介紹我時，會開玩笑地自嘲說：「我什麼都管，可能很囉唆，差不多快像是他在日本的父親了。」

所謂冥冥之中的安排，不就是如此嗎？我的老爸在一手向我揮別之際，又默默地以另外一隻手招來了些什麼。

每當端午節靠近的初夏時節，我常想起這些還走得不算遠的往事。

那些看似各自散落看似無關的小事，都相互有著磁場引力。牽動、排斥或者推引，都暗暗地存在於誰的一念之間。我們每一個人，再怎麼以為自己無用，其實都是沸水蒸餾的那個點。一度之差，可以讓人昇華，也可以讓人沉墜。

13
遠行的開始

當X光片出現在螢幕上時，一節節被光隱約穿襯的骨頭，在沒有華服與肌膚的掩飾下，無所遁逃地被迫展示了它的真實。

愈看愈懷疑，這就是我的骨頭嗎？而且，原來X光片早就進化到數位拍攝了啊？不用像以前那樣還要隔兩天等候沖片的時間，一拍完，照片就立刻跑到醫生桌上的電腦。抽出一大張底片，手抖兩下，發出一種膠片扭動的詭譎聲，最後夾在白色燈箱上的時代，已然過去。

但我竟然有點出神了，突然在想這些有的沒有的瑣事。沒聽到醫生一開始在說些什麼，直到喚了我的名字，才回神過來。

「總是坐在電腦前工作以外，最近有什麼特別勞動到筋骨的事情嗎？」醫生問。我想了想，回答他：「搬家。」醫生冷靜地回覆並追問：「那就是了。除了搬家以外，還有嗎？」我搖搖頭說沒有。

直到離開診所以後，才想起來還有一件事，大約也是原因之一。搬家前去了一趟美國。旅行很好，唯一讓我在旅程的後半場，每天都忍不住抱怨的是，肩上的背包，好重。真的非常重。單眼相機、導遊書、水壺、薄外套、隨身用品、Wi-Fi基地台、大容量的「阿愣」充電器，採買的紀念品……，一件件分開來完全不覺得重，但全部塞進背包裡，每天從早到晚背著走上幾公里，十幾天下來就成為一件要命的負擔。

大概是這樣，早就不自覺累積了身體和骨骼的疲憊。

搬到新家，一個月來常在想客廳的牆壁該怎麼布置。前兩天，終於決定買幾個相框，把在旅行時拍的照片沖洗出來掛上去。

去了有樂町的家電量販店，樓下有好幾排相片自助沖印機。經常坐滿著人在印照片，遇到假日時還得排隊。全世界大概只剩下日本人還那麼熱愛沖洗相片吧？手機和相機拍的數位照，還是想沖洗出來彷彿才覺得安心。日本人是一個相信紙張力量的民族。

把iPhone連接到機器上，在螢幕選取要印的照片，不一會兒一張張相片就吐出來了。照片印出來的品質之好，令我詫異。搞什麼嘛，早知道全用手機拍一拍就行啦，何必背那麼大台的單眼相機累死自己？

指尖翻閱著列印出來的相片，十幾天下來東奔西跑的跋涉，轉瞬間就重新閃過一輪。那些美好的景致，看起來都是那麼地輕盈了。連自己都很難想像當時的我，其實是背著多麼重的行李拍下這些風景。

不禁回想，十幾歲開始出國旅行時，身上的行李也有那麼重嗎？

◎

我們這一代，或許是台灣最早一批開始接觸海外旅行的年輕人。台灣在民國六十八年開放國人海外旅遊，之後解嚴又開放赴中國大陸探親觀光。恰逢島內經濟起飛，在這幾年出生與成長的孩子，大概都比過去的世代在相同年紀，更有機會跟著家人出門遠遊。

雖然說開放海外旅遊，但直到我國、高中年代，仍然鮮少聽說身邊的同儕出國旅行。就連大學畢業旅行，了不起也是環島一周而已。不像現在的大學生，畢業旅行考慮的地方已是東北亞或東南亞。那時候，搭飛機出國都還覺得是件陌生且奢侈的事。大多數人的旅行，都還只停留在作家三毛的遊記和演講中，模糊地勾勒出對於異鄉的想像。

然而，在這樣的成長世代中，我居然是有幸先助跑了幾步。國中二年級時，趁著跟爸媽去中國大陸的機會，第一次離開台灣。進出必經的「第三地」香港，算是這輩子見識到的第一個國際大都會。

那年代聽到有人去香港玩，便覺得令人羨煞。一九八九年的香港，講國語幾乎都不通。雖然不方便，卻更有了幾分來到異鄉的況味。摩天大樓可以這麼美，地下鐵可以如此方便，那些台灣都還沒有的東西，全是鄉巴佬的新鮮體驗。

自助旅行風氣開始大為興盛之際，我是個開始對創作充滿熱忱，幾乎天天投稿報社副刊的大學新鮮人。台灣兩大航空公司舉辦了華航旅行文學獎、長榮寰宇文學獎，在免費機票與高額獎金的推波助瀾下，自助旅行和旅遊文學徹底結合，一時之間蔚為盛事。

玩回來以後反正都想寫幾篇文章留念，就拿去參加文學獎。獲得獎金或機票，再拿去投入下一趟旅行，何樂而不為？我竟僥倖地成為了其中一人。於是，二十歲出頭的那一、兩年，就這樣走過美東、美西和日本。

一趴就是快兩個月的旅程，想來真夠奢侈。鼻子過敏了，吃顆藥就待在宿舍昏睡，浪費一整天也無所謂。時間，流淌在學生身上的速度，畢竟和在職場中的自己，坐三望四的當下，是很不相同了。

有如當年的背包，塞的東西也和現在全然迥異。一台傻瓜膠卷相機。一張地圖。沒有手機的年代，沒有一堆充電器和網路基地台。出國想打電話，就要記得買幾張中華電信的海外電話卡才行。買不起筆記型電腦的年紀，沒有要趕的專欄稿和非回不可的公事信。

背包和青春一樣零負擔，節奏明朗而輕快。

那些路，居然也都這樣走過了。

◎

在東京的街上不時遇見台灣的旅人，一年比一年更多。公司的日本同事曾對我說：

「台灣人很喜歡到日本旅行。」

那是真的。相較於日本人來說，台灣人年年出國旅遊的比例高出很多。臉書上永遠都有朋友在異鄉打卡。旅遊無分淡季或旺季，逐漸擴散成一種全民運動。

我因為工作常走訪日本鄉間，再怎麼偏僻的地方，以為不會有什麼觀光客來的小鎮，當地人都會告訴我，這裡來最多的外國人，是台灣人。

據說近年來，日本的年輕人愈來愈不愛出國了。即使出國旅遊，也只想參加不必擔心語言障礙，距離不太遠，並且最好短短幾天就回國的旅行團。旅行如此，留學亦然。日本人到國外留學深造的比例也連年下滑。

為什麼不出國多看看呢？我問起身邊十幾二十歲的日本人，他們都異口同聲地回覆：「國外很危險」。或是「還是習慣在日本生活」。

台灣人這麼愛來日本，再加上東日本大震災時的金援，這些年來，讓許多日本人都對台灣保持著高度興趣。許多人把生平第一次的海外旅遊都獻給了台灣。我的朋友也是其中之一。玩回來後曾與我分享心得，告訴我，台灣東西好吃、人親切、好玩的地方也不少。只有三件事情，感到有點麻煩，甚至難以接受：廁所沒有免治沖洗馬桶座；用過的髒衛生紙不能丟到馬桶裡直接沖掉；還有自來水不能生飲。最後一句結論竟然是：「生在日本真好。」

日本朋友無心的一句話，令我忽然在想，與我同世代的台灣人跟日本人，開始出國的理由和目的大概是很不一致的。

同樣身為海島，日本人多數就只是帶著娛樂的心境出國吧。但對於從政治、歷史到社會環境，正確度和精緻度都仍有誤差，看來一時之間也調不好的我們來說，出國除了遊玩以外，多少還是有種想去先進國家朝聖的憧憬？台灣還不夠，更好的台灣，應該是什麼模樣？在旅程中企圖清晰成一張未來的地圖。

◎

因為突然手足指尖微痲而去了醫院檢查，起初以為是神經失調，後來判斷是骨頭的問題。

拿著筆，醫生比劃著螢幕說：「頸部和腰間有兩節連結處窄了一點，一旦壓迫到神經時，就會感覺微痲。」醫生開了藥，說幾週後狀況若仍未改善，再考慮做復健。離開診療室前，又開口提醒我：「總之你不能再這樣長時間坐在電腦前工作。多休息、多活動，內在或外在的壓力都盡量避免。」

我的身體早就超出了負荷都不自覺嗎？對自己，我們真的認識得太少。

突然想起國中那一年，離開台灣，蜻蜓點水過中國的幾座城市，回到課堂上交出了一篇作文習作名為〈神州遊〉。開門見章的第一句就矯情地寫著：「第一次出國就是回國。」這種嚴重被政治洗腦，當年卻毫不自知的恐怖文句。

我們這一代的前十幾年，很多觀念與許多事情，大約都是這樣的。沒有懷疑的能力，也不知道答案有其他的可能性，於是就不以為意地運轉起來。然後，終於在每一趟出國，一次又比前一次更遠的旅程中，才開始審視自己生活的島嶼。從孤立的海洋中，回首摸索，同時慢慢定義出原有、也該有的位置。

一邊翻著列印出來的旅行相片，一邊摸著自己的頸骨和手指，我深切領悟了它們從來都不是理所當然地各自存在著。世間上的每一段距離，每一個點，都注定會默默地聚攏成更為深層又廣大的東西。

一條條的神經在身軀中展開漫長的行走，恍若旅行中天空的航線，放散後收束，出發再回歸，蔓延生出一個完整的世界。

14
第二次的成年禮

我不太在飛機上看電影。那天，在回東京的飛機上，卻很難得地把小叮噹（哆啦A夢）的動畫長篇《Stand by Me》給一口氣看完了。

故事沒宣傳行銷說得那麼催淚，但有一幕場景卻令我印象很深。童年的大雄到了未來，見到成年後的自己，還有正坐在公園的椅子上打起瞌睡的小叮噹。童年的大雄問未來的自己：「要不要去跟小叮噹打個招呼？」未來的大雄愣了愣，拒絕了。他的回答是：「不了，那是屬於你的回憶。」

言下之意，小叮噹在某一天，終將要離開大雄。嚼完飛機餐，降落以前，閉著眼，腦海裡都是小叮噹。我不斷揣想著，要是換做自己，也能夠這樣去放棄久別重逢的機會嗎？畢竟是生命中那麼重要的人哪。所有的離開，被迫改變的現狀，總讓人感傷。

可是仔細想想，卻又感到欣慰了。因為那代表著大雄在未來的五年、十年，甚至更久，生活將不是重複拷貝著過往。

過去的就讓它過去，不要讓自己的過去，干擾了當下，甚至是未來的自己。

生命的每一個階段，本來就該有著屬於那個年齡的回憶。要是每一段歲月，都能來一次系統更新，重組生命磁碟裡的生活狀態與人際關係，這樣的人才算是活得豐富而精采。

很多人都跟大雄一樣，想要見到未來。所以不少人熱中研究星座和算命。邁入三十歲，上看四十歲之際，遇見身邊愛算命的朋友是愈來愈多了。他們都想遇見未來的自己。

但是我從來都沒有興趣。與其說想像未來的自己，我更常做的事情是想像著未來的我，會怎麼回頭看現在的自己。

比如許多年後，會如何看待此刻的自己？以後的我，是否會覺得「那時候」應該更有勇氣一點？是否會感謝「當時」的自己，做了一個有意義的選擇？會不會有什麼後悔的，還是其實是問心無愧的決定？

我不習慣去計畫未來十年的生涯。喜歡點點滴滴地規劃，只是一年或者兩年，就把這短期之內想要實踐的事情做好即可。像堆積木一樣，即使是沒有完整的藍圖，我以為這樣便也能在打下扎實的基礎中，以及等候一些緣分和機會的交匯，自然而然，形塑出未來的模樣。

四十歲世代的我，將會變成什麼樣子，也許沒有具體的勾勒。但是想像從四十歲世代的立場，回頭去看現在的自己，常常會想對自己說：「總而言之，你得把此時此刻給過好，才不會後悔！」以及，「麻煩你了！我的未來就是交給（現在的）你了！」像日劇中，一種滿腔熱血性格的使命感。

誰能去預料未來呢？所有的想像都是虛幻的。去相信未來的自己能做到什麼，不如去要未來的自己，信任現在的自己。

不久前，有一場大學社團朋友的餐會。認識彼此，當年都還是十九、二十歲的青春學子呢。我們談卡爾維諾，聊村上春樹；趕場金馬影展，關注哪一科被活當死當；猜猜誰愛上了誰，周旋著承諾與背叛。

時光更迭，此刻圍桌而坐，快要脫離三十歲世代的彼此，話題變成每一天該吃幾份水果、該做多少運動。有人擔心四十歲以後，接案子維持經濟的生活還能維持多久？也有人徬徨，該不該繼續戀棧高薪卻壓縮私人生活的工作？

我們聊著這些大人們的話題，一邊滑著手機，並一邊吃著甜點，即使不是工作時間了，仍是一心多用很忙碌。我頓時在想，這個時代，什麼玩意兒都表彰「多工處理」的功能，連人也變得如此了。

就在那一瞬間，四十歲的自己又來叩門。三十歲的自己，發現了自己原來有能力做好很多事。我們努力為生活放進許多的加法，但在進入四十歲以後，或許該學習如何取捨多工處理的本領。不必同時也不用多，只要一件事。和緩而專注地，在投入的過程中，享受滿足的自在。

在日本，二十歲是成年禮。人的一輩子，只有一次成年禮。不久前，卻看見一本為四十歲世代製作的雜誌，在文宣上寫著，四十歲是人生的第二個成年禮。

二十歲和三十歲的一切經歷，都只是為了讓自己變成一個真正的大人。在四十歲以後。

我喜歡這樣的想法。用一股迎接祭典的心情，等待第二次的成年禮。那讓我覺得四十歲，不是人生中場的關卡，而是再一次的成長。

後記

我的東京模樣

模樣，這兩個字在中文裡，比較常被用來形容人事物的狀態或樣子，而在日文當中雖然也有此意，但更多時候是用做紋樣和事物表面的圖柄之意。因此「東京模樣」這四個字可以抽象性地解釋成東京的樣子，也能具體性地說是東京表面所呈現出來的花樣。

我們或許都曾經嚮往某一個他方。然而，旅遊的想像可能美化了我們所看見的表面，直到深入生活以後，才會逐一窺見燦爛花紋背後的真相。

對我而言，東京的模樣有美也有醜，既甜美也殘酷。但無論如何，生活在這裡的我，始終沒有失去對這異鄉的興趣。

仍然在意許多的小細節；依舊珍重每一樁相逢的情緣；沒有變成只會抱怨而忘記感謝的人；緊緊記著謙卑的重要性。

事實上，如此的生活態度，難道不是身處在任何一座城市的我們，都應該努力秉持的初衷嗎？無論在哪裡，都不要輕忽那些生活裡微小卻重要的事，這或許就是我在

《東京模樣》裡最想傳遞的事。

這本集子收錄我近三、四年來的創作，不僅記下這些年來生活的變動，於我而言微小卻重要的事，也旁敲側擊著這段日子，城市所發生過，甚至未來將要發生的事。散文書寫的出發點縱然是很個人的事，但對於東京有感情的讀者，我想，藉著這些文字，或許大家也能各自找到共鳴的情緒。

謝謝當初專欄邀稿的各家媒體，謝謝原點出版的編輯團隊。謝謝始終閱讀我、支持我的讀者，謝謝為臉書「東京模樣」粉絲頁按讚的每一個你。當然更要謝謝文章中出現過的人，是你們豐富了這本書，領我看見東京的另一面模樣。

二〇一六年九月　東京都中央區

國家圖書館出版品預行編目資料

東京模樣：東京潛規則，那些生活裡微小卻重要的事 / 張維中作. -- 一版. -- 台北市：原點出版：大雁文化發行, 2016.10
304 面；14.8x21 公分
ISBN 978-986-5657-85-7（平裝）

1. 文化 2. 生活方式 3. 日本東京都

731.72603　　105016666

東京模樣

東京潛規則，那些生活裡微小卻重要的事

作　　者　張維中
封面插畫　Fanyu
封面設計　犬良設計
內頁排版　黃雅藍
校　　對　孫梓評、張維中、詹雅蘭
責任編輯　詹雅蘭
行銷企劃　郭其彬、王綬晨、邱紹溢、張瓊瑜、蔡瑋玲、徐一霞、陳雅雯
總 編 輯　葛雅茜
發 行 人　蘇拾平
出　　版　原點出版 Uni-Books
Email　uni-books@andbooks.com.tw
電話：（02）2718-2001　傳真：（02）2718-1258
發　　行　大雁文化事業股份有限公司
台北市松山區復興北路333號11樓之4
www.andbooks.com.tw
24小時傳真服務（02）2718-1258
讀者服務信箱 Email: andbooks@andbooks.com.tw
劃撥帳號：19983379
戶名：大雁文化事業股份有限公司

初版 1 刷　2016年10月　初版 7 刷　2021年 1 月
定　　價　350元
I S B N　978-986-5657-85-7